Handbook of
Career Research,
Teaching and
Counseling Tools

职业生涯研究、教学与咨询工具手册

周文霞　金秋萍◎主编
潘　真　魏仕龙　何俣铤　蒋新玲◎副主编

北京大学出版社
PEKING UNIVERSITY PRESS

图书在版编目(CIP)数据

职业生涯研究、教学与咨询工具手册/周文霞,金秋萍主编.—北京:北京大学出版社,2023.9

ISBN 978-7-301-34487-3

Ⅰ.①职… Ⅱ.①周…②金… Ⅲ.①职业选择—手册 Ⅳ.①C913.2-62

中国国家版本馆CIP数据核字(2023)第183897号

书　　名	职业生涯研究、教学与咨询工具手册 ZHIYE SHENGYA YANJIU、JIAOXUE YU ZIXUN GONGJU SHOUCE
著作责任者	周文霞　金秋萍　主编
责 任 编 辑	刘冬寒　闫格格
标 准 书 号	ISBN 978-7-301-34487-3
出 版 发 行	北京大学出版社
地　　　址	北京市海淀区成府路205号　100871
网　　　址	http://www.pup.cn
微信公众号	北京大学经管书苑(pupembook)
电 子 邮 箱	编辑部 em@pup.cn　总编室 zpup@pup.cn
电　　　话	邮购部 010-62752015　发行部 010-62750672　编辑部 010-62752926
印 刷 者	北京市科星印刷有限责任公司
经 销 者	新华书店
	730毫米×1020毫米　16开本　16.5印张　323千字 2023年9月第1版　2024年12月第2次印刷
印　　　数	2001—3000册
定　　　价	58.00元

未经许可,不得以任何方式复制或抄袭本书之部分或全部内容。
版权所有,侵权必究

举报电话: 010-62752024　电子邮箱: fd@pup.cn

图书如有印装质量问题,请与出版部联系,电话: 010-62756370

序

随着科学技术的迅猛发展和社会经济的深刻变化，我们所处时代的"乌卡"（VUCA）特征——易变性（Volatility）、不确定性（Uncertainty）、复杂性（Complexity）和模糊性（Ambiguity）——在各行各业充分显现，给个人的职业发展带来了多重机遇与挑战。企业竞争的加剧、经济发展速度的减缓、人工智能的应用、零工经济的兴起、自由职业者的涌现、旧职业的消失、新职业的诞生，凡此种种，不一而足，没有一项不深刻影响着职场和职场人。

绝大多数个人无法超越时代，只能顺应时代的变化寻找因应之道，因此管理好自己的职业生涯是这个时代所有职场人的强烈需求。对这种需求的回应体现在社会上出现越来越多的咨询机构和个人职业导师，越来越多的高校开设职业指导课程并设立职业咨询室，越来越多的学者开始关注职业生涯的研究。

不论是在研究、教学还是咨询中，都需要理论的指导，也需要有效的方法和工具，而这两个方面在我国的职业生涯领域中都很匮乏。比如，学者们分析职业领域的问题，常常因找不到合适的量表而无法深入开展研究；教师们在上课时，希望改变授课的方式，让学生参与和互动，给予学生沉浸式的学习体验，却苦于没有相关的工具；同样的问题也存在于咨询活动中。本书的编写目的在于收集整理职业生涯领域常用的研究量表、测评系统和活动工具等，汇集成册，为读者的学习、研究、教学、咨询提供便利。

周文霞　金秋萍
2023 年 9 月

概述

本书可视为《职业生涯研究与实践必备的 41 个理论》（简称《41 个理论》）的姊妹篇，两者可配套使用。《41 个理论》一书共分为生涯匹配理论、生涯发展理论、生涯决策理论、生涯学习与认知加工理论、生涯动机理论、生涯系统理论和无边界与生涯建构理论七篇，逐一介绍了每个理论的核心内容和相关的测评技术与工具。由于篇幅的限制，或是相关工具难以找到，或是在其他书籍中已有介绍，《41 个理论》中涉及的测量工具本身并不充分，职业生涯领域还有大量可用的工具值得我们学习和参考使用。为弥补这个遗憾，本书收录了 61 个工具，工具类型包括研究量表、测评系统、定性活动工具和定量活动工具等。因为每个类型的工具使用方法不同，所以在介绍这些工具时我们也采用不同的方式，以方便读者掌握每种工具的应用要点。如果有学术文献专门报告量表的开发过程，我们就直接把文章作为量表出处列在每章的参考资料中。部分应用性工具是我们参考多种文献开发的，我们也把相应的参考资料列出，方便大家进一步学习。极个别工具的初始开发者已经不可考，但在国外生涯指导和咨询领域中应用广泛，为方便读者使用，我们依然予以保留，也附上相关的出处。

本书的结构虽然不能与《41 个理论》完全对应，但也有很大的相似之处。全书共分为六篇，包括自我特质评估、职业决策和规划、生涯发展和管理、生涯建构、家庭和情境影响、职业成功，最后以附录的形式介绍中国新职业信息。这两本书如此划分篇章，其背后遵循同样的理论依据和思维逻辑，即美国波士顿大学的弗兰克·帕森斯（Frank Parsons，1854—1908）教授的人—职匹配理论。帕森斯只留下一本遗著《选择一个职业》（*Choosing a Vocation*，1909 年出版），但他首次提出"职业指导"的概念，并创建波士顿职业局（Boston Vocational Bureau），使职业指导成为有组织形态的专业工作。因此，帕森斯成为当之无愧的"职业指导之父"。帕森斯提出"三步式"的职业选择方法：首先必须了解自身的天赋能力、兴趣爱好、志向以及限制条件；其次要对不同职业的构成要素、胜任特征、优势劣势、前途机会等有明确的认识；最后是在前述两组要素之间实现最好的匹配。此后出现的各种职业生涯理论，都可以在其中发现帕森斯理论影响的印记，人—职匹配理论也构成现代大多数职业指导课程的讲授逻辑：认识自我、了解职业和职场、做出职业选择、制定发展战略等。因此，不论是在《41 个理论》还是这本工具书中，章节内容的编排都是在这个大框架下进行的。当然，影响个人职业发展的因素众多，人—职匹配也不是一个静态的、一次就可以完成的任务。对于个人而言，职业生涯管理是一个纵贯一生的过程，职业生涯理论也在不断地发展和演进。例如，近十几年发展起来的生涯建构理论，强调个人对于自我生涯的建构，从而催生出很多可用于职业咨询的生涯建构工具，因此，我们也将生涯建构的相关工具作为单独的一篇列出。总之，我们力图把测量职业决策过程的方法、各种影响因素、重要研究专题和创新理论工具都纳入进来，由此形成目前呈现在你面前的这本书。

需要说明的是，本书收录的量表绝大多数由外国学者开发，我们将其直接翻译过来，还没有在中国情境下进行检验和修订，特此提醒大家使用时注意。另外，考虑到我国新职业增加的速度很快，大家又普遍了解得不够，我们把自 2019 年以来，人力资源和社会保障部发布的 4 批（共 56 个）新职业的描述作为附录以飨读者。

本书是团队合作的产物。周文霞提出了编写设想，大体划定了工具选择的范围，并推荐了部分量表，金秋萍推荐了大多数的量表，潘静洲、孟慧等也参加了推荐工作。我们的工作团队由教师、博士后、博士生、硕士生共同组成。初稿汇集上来，我们又进行了审核和修改。在此感谢大家的通力合作，不当之处请批评指教。

周文霞　金秋萍

2023 年 9 月

目录

第一篇 自我特质评估

第1章　能力探索　　李光耀 // 003

第2章　激励技能清单　　潘　真 // 007

第3章　技能评估表　　潘　真 // 011

第4章　生涯能力指标　　何俣铤 // 016

第5章　生涯资源问卷　　何俣铤 // 019

第6章　规划的偶然性生涯清单　　吴方缘 // 022

第7章　职业群兴趣测验　　潘　真 // 025

第8章　阿什兰职业兴趣测量　　王心茹 // 031

第9章　自我职业选择指导问卷　　魏仕龙 // 034

第10章　个人球形职业兴趣清单　　杨双绮 // 041

第11章　舒伯工作价值观清单　　魏仕龙 // 046

第12章　职业锚　　杨双绮 // 049

第13章　职业使命感问卷与简要使命感量表　　杨双绮 // 054

第14章　易变性职业态度与无边界职业态度　　梁佳佳 // 057

第15章　易变性职业取向　　杨祖康 // 061

第16章　学生侧写工作表　　潘　真 // 063

第17章　杰克逊职业探索工具　　魏仕龙 // 069

第18章　库德职业规划系统　　魏仕龙 // 071

第二篇　职业决策和规划

第1章　职业决策自我效能量表　　王心茹 // 075

第2章　决策空间工作表　　潘 真 // 078

第3章　职业决策状态测验　　潘 真 // 082

第4章　生涯思维清单　　张思绮 // 085

第5章　CASVE 循环　　潘 真 // 088

第6章　生涯未决侧写　　张思绮 // 090

第7章　职业决策困难问卷　　何俣铤 // 094

第8章　职业决策过程清单　　杨双绮 // 097

第9章　职业决策自主性量表　　何俣铤 // 100

第10章　职业最优化量表　　冯 悦 // 103

第三篇　生涯发展和管理

第1章　职业压力量表　　何俣铤 // 107

第2章　生涯未来清单　　何俣铤 // 109

第3章　生涯彩虹图　　蒋新玲 // 111

第4章　生涯发展状态测验　　潘 真 // 115

第5章　职业目标差异量表　　杨双绮 // 118

第6章　工作相关基本需求满足量表　　周秋月 // 120

第7章　职业探索测验　　周秋月 // 122

第8章　职业认同状态测量　　蒋新玲 // 128

第9章　动态生涯量表　　蒋新玲 // 131

第10章	职业投入量表	刘雅真 // 134
第11章	组织生涯管理量表	姜男 // 136
第12章	感知的社会自我效能感	孟慧 // 138
第13章	实习质量	潘静洲 // 141

第四篇 生涯建构

第1章	生命线	蒋新玲 // 145
第2章	职业风格访谈	蒋新玲 // 149
第3章	我的生涯影响力系统	蒋新玲 // 157
第4章	生活空间绘制	蒋新玲 // 162
第5章	生命轮	孙晨光 // 167
第6章	生涯隐喻	蒋新玲 // 171
第7章	卡片分类	蒋新玲 // 175

第五篇 家庭和情境影响

第1章	生涯族谱	孙晨光 // 183
第2章	家庭历史工作表	孙晨光 // 189
第3章	重要他人问卷	孙晨光 // 191
第4章	家庭星座问卷	孙晨光 // 194
第5章	家庭协议	孙晨光 // 196
第6章	职业生涯图	孙晨光 // 200
第7章	青少年—父母职业生涯一致性量表	何俟铤 // 202
第8章	感知的父母职业相关行为量表	何俟铤 // 204

第六篇　职业成功

第1章　职业成功观　　周文霞 // 209

第2章　主观职业成功　　潘静洲 // 212

第3章　可持续职业生涯量表　　李国静 // 215

第4章　大学到工作成功量表　　吴方缘 // 218

第5章　职业成功观清晰度量表　　辛璐 // 220

附　录　中国新职业信息 // 222

第一篇
自我特质评估

第1章

能力探索

李光耀*

1. 简介

能力探索(Ability Explorer)由琼·C. 哈林顿(Joan C. Harrington)、托马斯·F. 哈林顿(Thomas F. Harrington)及珍妮特·E. 沃尔(Janet E. Wall)开发,是JIST(Job Information Seeking and Training)公司的商业化能力测评工具。它是一种自我测评的报告工具,旨在帮助初中生、高中生和大学生以及成人完成对自我能力的探索,并将得到的信息与教育和职业规划联系起来。

能力探索测试12个领域的能力。这些能力是由美国劳工部(United States Department of Labor)工作分析专家基于对现有职业的分析而提炼出来的当代职场最重要的职业技能。这12项能力包括艺术能力、文书能力、人际交流能力、语言能力、领导/说服能力、手工/技术能力、音乐/戏剧能力、数字/数学能力、组织能力、科学能力、社交能力和空间能力。

能力探索测试共提供三个手册:测试手册、使用者指南和专业手册。测试手册包含测试题和选项,它可以由测试者自行手动评分,也可以由施测者帮助评分。使用者指南介绍了测试的内容、测试内容的描述、评分过程以及结果的解释方法。专业手册详细地介绍了能力探索的发展情况,包括初中生、高中生、大学生和成人样本的常模表,以及所有相关的技术信息,包括信度和效度数据。

2. 使用方法和步骤

能力探索测试为纸笔测试,测试完成后测试者可以参照使用者指南自行完成评分。每个领域有10道题,共120道题。完成测试大概需要30分钟。题目为各个能力领域下的一些活动,测试者自行评估自己在该项活动上的能力,按照"1=非常不擅长……6=非常擅长"的标准在1—6分中选择一个分数。测试题

---

* 李光耀,中国人民大学劳动人事学院硕士研究生。

样本见图 1-1-1。完成所有题目后，测试者可以自行将每个能力领域的所有得分加总，算出该领域的总得分。按照各个领域得分高低，可以得出个人能力最强的前三个领域。测试者可以将得分最高的前三项能力的分数填入如表 1-1-1 所示的表格中。表格中标有根据常模数据算得的分值区间，包括高分区间、中等区间和低分区间。通过对比，测试者可以评估自己该项能力在人群当中的水平。

```
    6=非常擅长   5=擅长   4=偏擅长   3=偏不擅长   2=不擅长   1=非常不擅长
① 准确记录信息
② 举起、携带、推移或拉动物品
③ 通过写作让读者理解我的想法
④ 通过海报、绘画进行自我表达
⑤ 决定任务或活动的责任分配
⑥ 跟陌生人轻松交谈
```

图 1-1-1　测试题（样本）

表 1-1-1　最高三项能力分值（样本）

	艺术能力	文书能力	人际交流能力
总分数			
高分区间	44—60	49—30	51—60
中等区间	34—43	42—48	43—50
低分区间	0—33	0—41	0—42

此外，测试还包含能力—职业搜寻（Abilities-to-Careers Finder）部分。该部分基于美国劳工部职业信息网络（Occupational Information Network）的职业能力要求信息开发。测试者可以根据自己得分最高的前两/三项能力的组合，寻找对应的职业选择，探索最适合自己的职业。测试还提供职业生涯进一步发展的方式和途径，每个职业还标注了该职业从业者的教育水平，供测试者参考。

3. 附录

- 艺术能力：具有这种能力的人可以用不同的方式理解和运用艺术原则与方法。例如，他们可以通过绘画、雕刻或拍照等多种方式来装饰、设计或创造产品。

- 文书能力：具有这种能力的人非常注重细节。他们的工作通常对准确度要求较高。例如，他们可以同时使用眼睛和手指在电子表格中准确输入数字记录信息。
- 人际交流能力：具有这种能力的人可以轻松地和许多类型的人交流。他们能够在不同的情况下理解他人、表达友好和礼貌待人；同时，他们很擅长与他人合作，并为团队提供意见和建议。
- 语言能力：具有这种能力的人在书写信件和报告等文件以及撰写故事时能用正确使用拼写、语法和标点符号。他们表达清晰，且能够理解他人和及时反馈，并适当地提出问题。
- 领导/说服能力：具有这种能力的人可以通过提出想法、确定目标，让团队成员共同努力，并总能够引导他人的观点和行动。这些扮演领导角色的人通常善于交流，思想独立，感情丰富且想法新颖，擅长做出涉及财产保护或他人安全的决策。
- 手工/技术能力：具有这种能力的人擅长操作设备、调整并控制机器，会利用各种工具将产品组合在一起。他们能够阅读及遵循机器和设备的说明书，且能够检查和修复部件。
- 音乐/戏剧能力：具有这种能力的人乐感很强，可以辨别不同乐器的声音。他们可以通过身体动作和面部表情来演绎角色、表达思想和情感，也擅长演奏乐器、唱歌、音乐教学或指挥演奏。通常，他们会扮演音乐制片人、指挥者或表演者等角色。
- 数字/数学能力：具有这种能力的人能够处理商业、技术或科学实践中的数据问题。他们擅长以口头或书面的形式表达数学逻辑思维。
- 组织能力：具有这种能力的人知道什么任务是最重要的，能够在第一时间完成任务。他们能够以合理的方式组织、处理和维护书面或计算机化的记录以及其他形式的信息。
- 科学能力：具有这种能力的人擅长将科学研究结论应用于医学、生命科学和自然科学等领域。他们通常会使用特定逻辑或科学思维来处理问题，或理解他人，或治疗疾病。他们发表的观点通常基于可以测量或能被证明的信息。
- 社交能力：具有这种能力的人会使用友好的方式结交朋友、帮助他人。他们会积极借鉴和学习他人的优秀行为，并擅长与团队、小组一起工作。
- 空间能力：具有这种能力的人空间思维很强。他们擅长从多个角度观察事物，比如通过简单的草图来构想最终产品的外观。

参考资料：

Harrington, T. & Harrington, J. (1996). *Ability explorer.* Itasca, IL: Riverside Publishing.

Harrington, T. & Harrington, J. (2001). A new generation of self-report methodology and validity evidence of the ability explorer. *Journal of Career Development*, 9(1), 41-48.

Harrington, T. & Harrington, J. (2002). The ability explorer: Translating Super's ability related theory propositions into practice. *The Career Development Quarterly*, 50(4), 350-358.

第2章

激励技能清单

潘 真[*]

1. 简介

激励技能清单(Motivated Skills Inventory, MSI)源于克拉克森大学,共包含86项技能。这86项技能可依据约翰·霍兰德(John Holland)的职业兴趣测验分为六大类,分别是社会型(S)、企业型(E)、常规型(C)、现实型(R)、研究型(I)、艺术型(A)。

技能既可以是技术性的(如管理、会计、金融、市场营销、人力资源、工程和教学),也可以是非技术性的(如时间管理、沟通、解决问题、批判性思维、同时处理多项任务或团队合作)。而激励技能是指你当前可能并不具备但是有兴趣进一步培养的技能。使用者通过激励技能清单可以进一步了解自己所掌握的技能以及感兴趣的技能。

2. 使用方法和步骤

在填写激励技能清单前,请先考虑以下问题:

什么样的工作会吸引你?想想你期待的工作类型,即那些即使没有薪水你也愿意从事的工作。

你会在哪些工作中沉浸自我?什么类型的工作会让你十分投入,以至于忘记时间?这些工作通常是最能发挥你技能的工作。

你学什么最快?有时你可能很难掌握一些技能,却能毫不费力地学会其他技能。这通常是因为你在某些领域有天赋,或怀有想要学习更多专业知识或技能的强烈愿望。

他人通常向你寻求哪方面的帮助,或者认为你擅长什么?想想那些曾经分配给你的工作,他人是如何要求你以及如何称赞你的。如果你在这些方面做得

---

[*] 潘真,中国人民大学劳动人事学院博士研究生。

不好，他们就不会主动给你分配这方面的工作，也不会给你积极的反馈。

你在哪些方面曾取得成功？回想你做得最好的任务（最大的成就），它们将反映你最重要的一些技能。

之后请根据激励技能清单，在你认为目前已掌握的技能旁打一个√；在每个你目前可能未掌握但有兴趣进一步培养的技能旁打两个√。这将分别代表你当前已拥有的技能，以及尚未拥有的潜在激励技能。在确认已拥有的技能与潜在的激励技能之后，请再列出 12 项你在工作当中最感兴趣的技能，并按照重要性由高到低排序。

3. 工具内容

表 1-2-1 呈现了一张激励技能清单，表中的字母分别对应霍兰德职业兴趣测验的不同兴趣类型。需要注意的是，它并没有涵盖所有技能，清单上也可能并没有列出目前你拥有的或感兴趣的技能。

表 1-2-1 激励技能清单

____会计职能，如准备报税或分析财务记录(C)	____在舞台上表演(A)
____为产品或服务进行宣传(A/E)	____帮助他人解决问题，为他人提供建议(S)
____通过分析数据得出具体结论(C/I)	____艺术表现，如绘画、雕塑或写作(A)
____组装、修理或使用计算机等电子产品(R)	____体育运动，包括指导或管理他人运动(R)
____非常注意细节和准确(C)	____建造或修理东西(R)
____建立和培养人际关系(S)	____照顾动物(R)
____关心他人的生理或心理需求(S)	____收集和整理数据(C/I)
____作曲或演奏音乐(A)	____进行财务分析(C)
____进行科学研究(I)	____烹饪和计划菜单(A)
____与他人合作完成项目(S)	____辅导或指导遇到困难的人(S)
____创造视觉艺术品，如图画或陶器(A)	____与他人辩论或交流想法 (E)
____装饰或设计一个家、办公室或建筑物(A)	____设计广告、宣传册、邀请函等(A)
____制订和管理预算(C)	____开发或改进网站(C)
____诊断和修复计算机问题(R)	____设计机械草图(R)
____做一些需要身体协调和平衡的事情(R)	____编辑优化文件的拼写、语法、句子结构和流畅性(A)
____高效地完成工作(C)	____农业或林业(R)
____金融活动，如理财、投资或财务规划(C)	____修理机械性质的东西(R)
____处理紧急情况(R)	____在别人需要的时候予以帮助和鼓励(S)

（续表）

____影响或说服他人接受某一观点(E)	____景观或园林艺术(R)
____领导团队实现高绩效(E)	____倾听他人(S)
____做演讲(E)	____管理办公室(C)
____管理大量数据(C)	____管理人事(E)
____管理小型或大型项目(E)	____推销产品或服务(E)
____机械相关的创造性与灵活性(R)	____指导他人职业生涯发展(S)
____操作计算机或其他电子设备(C)	____操作机器或重型设备(R)
____组织数据或保存记录(C)	____组织或策划活动(E)
____执行工程任务,包括土木、电气和机械(R)	____执行具有智力挑战的任务(I)
____从事手工或体力劳动(R)	____数学计算,如代数、微积分、几何和统计(I)
____摄影,包括拍摄、冲洗照片(A)	____政治辩论、竞选及其他相关活动(E)
____生产有形的东西(R/C)	____为人们或事物提供安全保障(R)
____公开演讲(E)	____科学调查(I)
____自然科学,如生物学、化学、地质学或物理学(I)	____自我表达(A)
____营销产品或提供营销服务(E)	____设置过程或系统(C)
____解决抽象问题(I)	____解决具体问题(R/C)
____解决机械问题(R)	____帮助人们解决问题(S)
____教导、训练他人(S)	____以富有同情心的方式理解他人(S)
____利用创造力完成某事或解决问题(A)	____使用工具或机器(R)
____用语言与他人交流(E/S)	____通过团队合作达成目标(S)
____独立完成工作(I)	____使用计算机信息系统进行工作(C)
____使用计算机网络进行工作(C)	____处理具有事实性质的信息(I/C)
____处理法律文件或问题(E)	____处理环境问题(R)
____撰写商务报告(C)	____管理补助金(C)
____写文章、故事或诗歌(A)	____编写技术性文档,如操作手册(C/I)

你可以在下方补充上表未列出的已拥有技能或激励技能：

_____

_____

请在你刚刚发现的那些已拥有技能或激励技能中,列出 12 项你在工作当中最感兴趣的技能。

① _____

② _____

③ _____
④ _____
⑤ _____
⑥ _____
⑦ _____
⑧ _____
⑨ _____
⑩ _____
⑪ _____
⑫ _____

你的姓名：_____

日期：

参考资料：

Clarksonuniversity. net（2020）.［online］Available at：<http：//www. clarksonuniversity. net/sites/default/files/2017-08/Motivated-Skills-Inventory. pdf>［Accessed 8 October 2020］.

第3章

技能评估表

潘 真[*]

1. 简介

可迁移技能是指与特定的工作或任务无直接关系的技能。相较于一般的技能,可迁移技能通常更宽泛,且与领导力、沟通、批判性思维、分析能力和组织能力关系紧密。这些技能可以广泛应用于不同类型的工作和职业。

技能评估表(Skills Assessment Worksheet, SAW)可以用于了解使用者的技能掌握情况。通过填写技能评估表,使用者可以对自己所掌握的、喜爱的以及希望进一步开发的各项技能形成较为全面的认识。

2. 使用方法和步骤

技能评估表一共包含八个类别的技能,分别是沟通技能、专业技术技能、管理和自我管理技能、数字技能、创意和艺术技能、人际交往技能、批判性思维和调查技能、商业技能,使用者对每个类别的技能进行评估,借此了解自己的技能掌握情况。

使用者将对每个类别的技能进行评估,评估涉及三个方面,分别是已掌握的技能、喜欢但并不精通的技能、希望开发的技能。同一项技能可以被多次标记。

3. 工具内容

技能评估表如表1-3-1所示。
指导语:
- 请按照下面的描述在每一条技能后做标记。

---

[*] 潘真,中国人民大学劳动人事学院博士研究生。

- 你已经掌握哪些技能,并且觉得自己可以胜任相关工作？将这些技能在第一列中用√标出。
- 你喜欢哪些技能,且你对这些技能并不精通？将这些技能第二列中用√标出。
- 你希望学习、获得或进一步开发哪些技能？将这些技能第三列中用√标出。

表 1-3-1　技能评估表

技能类别	技能描述	已掌握的技能	喜欢但并不精通的技能	希望开发的技能
沟通技能	撰写、编辑、翻译、解释或评论文章			
	在公众场合展示、演讲、辩论或拥护某个想法			
	召开会议			
	理解并听从他人指示			
	正确书写报告、信函和备忘录			
	阅读、理解政策和备忘录			
	和你不认识的人轻松地交谈			
	在别人说话时做记录			
	查找信息			
	向他人解释事情			
	知道何时寻求帮助或向他人解释			
	向他人提出建议			
	聆听别人的讲话			
	其他			
专业技术技能	运动或身体协调			
	制造物品			
	熟练使用工具或做手工			
	操作车辆、机器或电子设备			
	修理或安装机器、设备			
	安装东西			
	在大自然中工作			
	园林艺术、景观美化和农业			
	其他			

（续表）

技能类别	技能描述	已掌握的技能	喜欢但并不精通的技能	希望开发的技能
管理和自我管理技能	通过设定目标和优先级、制订计划进行决策			
	发起、评估需求，做出预测或改变			
	通过委派任务，指导、监督或激励他人			
	推销、谈判、说服			
	对别人有耐心			
	保持乐观的态度			
	对手头的任务感兴趣			
	在他人需要的时候提供帮助			
	知道如何为他人指引方向			
	激励自己去做需要做的事情			
	激励他人完成工作			
	对任务优先级进行排序，以实现更大的目标			
	遵循已有的规则			
	给人整洁、专业的印象			
	检查自己的工作			
	与人交往时保持礼貌			
	需要时向他人寻求帮助			
	渴望学习			
	表达自己			
	以合作的方式解决问题			
	其他			
数字技能	记录、输入、比较或计算数字			
	估计、评价或预测数字信息			
	正确地进行计算			
	正确地使用百分数和小数			
	估计完成一项工作所需的成本和时间			
	使用电脑中的数据库			
	在电脑上使用电子表格			
	制订和管理预算计划			
	其他			

(续表)

技能类别	技能描述	已掌握的技能	喜欢但并不精通的技能	希望开发的技能
创意和艺术技能	重视直觉或感觉,有洞察力或有远见			
	具备艺术才能,如摄影、装饰、绘画或雕塑			
	具备创造力,如视觉化、想象、头脑风暴或设计			
	具备音乐才能,如唱歌、作曲或演奏乐器			
	展示艺术构思			
	图像可视化			
	设计一件产品			
	绘制图纸、图解、草图			
	其他			
人际交往技能	照顾、治疗、护理,或帮助他人康复			
	建议、授权、指导,或倾听他人意见			
	服务客户			
	组织社交娱乐或其他团体活动			
	通过沟通解决问题			
	通知、培训、指导团队或向团队解释事情			
	负责任地照顾儿童			
	照顾病人和老人			
	安抚他人情绪			
	帮助他人完成一项任务			
	知道如何与不同的人相处			
	领导团队或活动			
	其他			
批判性思维和调查技能	运用逻辑分析并解决问题			
	适应、发展、概念化、假设或发现			
	评估、评价、试验或判断			
	观察、反思、研究或关注			
	研究、调查、阅读或采访			
	整合、统一、综合或概念化			
	其他			

（续表）

技能类别	技能描述	已掌握的技能	喜欢但并不精通的技能	希望开发的技能
商业技能	使用电脑进行工作			
	进行商务沟通			
	管理预算			
	处理系统化财务数据			
	注意细节、抄写、检查或转述信息			
	设置和关闭收银机			
	理财和管理账单			
	组织、分类、整理、归档或更新信息			
	撰写商务文件			
	协调活动			
	筹募资金或款项			
	其他			

参考资料：

Ccv. edu (2020). [online] Available at：<https://ccv.edu/documents/2013/11/skills-inventory-worksheet.pdf/>[Accessed 8 October 2020].

第4章

生涯能力指标

何俣铤*

1. 简介

在技术发展和市场竞争的影响下,组织结构更加灵活多样,个体职业生涯也随之呈现无边界和多变性的特点。在新型职业生涯发展图景下,雇员与雇主之间开始建立以职业胜任力为基础的心理契约。Francis-Smythe et al. (2012)将生涯能力界定为"在自我职业生涯管理中有助于个体获得成功绩效的习得性能力,以及有助于达成理想职业结果的一系列行为与知识。"

基于智能职业生涯模型,生涯能力指标(Career Competencies Indicator, CCI)建立在七因子结构模型(对应生涯能力指标量表的七个维度)之上,适用于评估在职或有工作经验的群体的生涯能力水平。

2. 信度与效度

生涯能力指标量表的内部一致性系数为 0.81—0.93,具有良好的区分效度(大五人格),以及较好的预测效度(主观职业成功、客观职业成功)。

3. 量表内容

生涯能力指标量表如表 1-4-1 所示,旨在衡量被试的职业生涯相关行为,被试需要根据自己的实际感受和体会,对下列题项表述进行评价和判断,选择最符合自身实际情况的选项。

---

* 何俣铤,中国人民大学劳动人事学院博士研究生。

表 1-4-1 生涯能力指标量表

维度	序号	题项	非常不符合	不符合	不确定	符合	非常符合
寻求反馈与自我展示	1	我能够让其他人知道我想完成的任务	1	2	3	4	5
	2	我能够让其他人知道我的抱负和职业目标	1	2	3	4	5
	3	我能够让其他人看到我的工作成果	1	2	3	4	5
	4	我希望得到关于我培训和发展需求的反馈	1	2	3	4	5
	5	我希望得到关于我认定的未来职业发展机会的反馈建议	1	2	3	4	5
	6	我希望得到关于我目前职业发展的反馈建议	1	2	3	4	5
	7	我会要求直接上司对我的工作表现给予反馈	1	2	3	4	5
	8	我会要求上司以外的人对我的工作表现给予反馈	1	2	3	4	5
工作相关绩效的有效性	9	我会执行一些工作范畴内的任务	1	2	3	4	5
	10	我会按时完成任务	1	2	3	4	5
	11	我能够履行工作描述所规定的职责	1	2	3	4	5
	12	我可以完成所有分配给我的任务	1	2	3	4	5
	13	我能够达到工作要求的质量标准	1	2	3	4	5
目标设定与职业规划	14	我很清楚自己的职业目标是什么	1	2	3	4	5
	15	我会根据自身情况来调整职业生涯目标	1	2	3	4	5
	16	我知道为了实现职业生涯目标应该做什么	1	2	3	4	5
	17	我为达成职业生涯目标专门制定了策略	1	2	3	4	5
	18	我对职业生涯进行了规划	1	2	3	4	5
自我认知	19	我知道自己的优点	1	2	3	4	5
	20	我清楚自己的缺点	1	2	3	4	5
	21	我知道哪些工作特征对于我个人来说是重要的	1	2	3	4	5
	22	我知道什么工作任务或项目会令我感兴趣	1	2	3	4	5
	23	我清楚什么事情是我可以做到的,什么事情是我做不到的	1	2	3	4	5
职业指导与社会网络构建	24	我会努力结识更高级别的管理者	1	2	3	4	5
	25	我会向更高级别的管理者寻求咨询和建议	1	2	3	4	5
	26	我会向上级寻求职业指导	1	2	3	4	5
	27	我会向组织外有经验的人寻求职业指导	1	2	3	4	5
	28	我会与同事及其他人交往,以获得有关职业生涯的帮助或建议	1	2	3	4	5
	29	我会与工作中担任要职的人保持联系	1	2	3	4	5
	30	我会与在其他组织或团体中担任要职的人往来	1	2	3	4	5
	31	我会把自己推荐给那些可以影响我职业生涯的人	1	2	3	4	5

(续表)

维度	序号	题项	非常不符合	不符合	不确定	符合	非常符合
办公室政治知识	32	我能够识别出那些对于完成工作最重要的人	1	2	3	4	5
	33	我很了解其他人工作背后的动机	1	2	3	4	5
	34	我很清楚我工作中的办公室政治	1	2	3	4	5
	35	我知道谁是我工作中最有影响力的人	1	2	3	4	5
	36	我会利用自己的人际交往能力来影响工作中的其他人	1	2	3	4	5
职业相关技能	37	我会发展我未来职位可能需要的技能	1	2	3	4	5
	38	我会发展一些知识和技能让自己更不可替代	1	2	3	4	5
	39	我会学习一些对于工作至关重要的领域所需的专业知识	1	2	3	4	5
	40	我会从各种工作任务中获取经验来增加自己的知识和技能	1	2	3	4	5
	41	我会学习与工作相关的课程	1	2	3	4	5
	42	我在寻找各种培训和发展的机会	1	2	3	4	5
	43	我会跟进了解自己专业领域的事物、结构和流程	1	2	3	4	5

参考资料：

Francis-Smythe, J., Haase, S., Thomas, E. & Steele, C. (2012). Development and validation of the career competencies indicator (CCI). *Journal of Career Assessment*, 21(2), 227-248.

第5章

生涯资源问卷

何俣铤[*]

1. 简介

预测职业成功一直是职业生涯研究和实践领域最关注的主题之一。职业成功通常包含两个方面：一是涨薪和晋升等客观成功，二是工作幸福感和职业进步感知等主观成功。为了帮助个体发展职业生涯，许多学者致力于探究职业成功的促进因素。基于相关前因机制的研究成果，Hischi(2012)提出一个综合框架，用"生涯资源"这个构念来概括能够帮助个体实现职业生涯目标、获取职业成功的关键前提因素。

生涯资源问卷(Career Resources Questionnaire，CRQ)是对关键职业生涯资源的综合评估，分为员工和学生两个并列版本，不同版本根据评估对象属性对题项表述进行了细微调整。该量表的适用范围相对较广，不限定社会人口统计的相关特征。

2. 信度与效度

生涯资源问卷所有因素信度水平都很高，内部一致性系数为0.78—0.93，并具有良好的构念效度。

3. 量表内容

表1-5-1是员工版的生涯资源问卷，旨在衡量员工的生涯资源水平。被试需要根据题项表述的内容，判断并选择最符合自身实际情况的选项。

---

[*] 何俣铤，中国人民大学劳动人事学院博士研究生。

表 1-5-1　生涯资源问卷(员工版)

维度	序号	题项	非常不符合	比较不符合	不确定	比较符合	非常符合
专业知识技能	1	其他人认为我是我所从事的职业领域的专家	1	2	3	4	5
	2	我在所从事职业领域中知识渊博	1	2	3	4	5
	3	我在所从事职业领域中具备很高水平的专业知识和技能	1	2	3	4	5
就业市场知识	4	我掌握了许多有关就业市场的知识	1	2	3	4	5
	5	我掌握了许多有关就业市场现状的知识	1	2	3	4	5
	6	我能够很好地概括就业市场的动向、趋势	1	2	3	4	5
通用技能	7	我具备许多技能,可以用在不同职业领域	1	2	3	4	5
	8	我拥有的许多能力在其他领域一样有用	1	2	3	4	5
	9	除了纯专业知识,我也具备许多对不同工作来说很重要的技能和能力	1	2	3	4	5
职业机会	10	我所在组织提供了令我感兴趣的职业机会	1	2	3	4	5
	11	我所在组织为我未来职业生涯提供了许多令我感兴趣的岗位	1	2	3	4	5
	12	我现在的雇主提供了令我感兴趣的职业发展机会	1	2	3	4	5
职业生涯组织支持	13	我所在组织积极支持我的职业发展	1	2	3	4	5
	14	我现在的雇主支持我想要的职业生涯	1	2	3	4	5
	15	我能够感受到目前雇主对于我职业发展方面的支持	1	2	3	4	5
工作挑战	16	目前的工作让我充分利用所掌握的专业技能	1	2	3	4	5
	17	目前的工作非常挑战我的技能	1	2	3	4	5
	18	目前的工作可以帮助我提升技能	1	2	3	4	5
职业生涯社会支持	19	我认识很多支持我职业发展的人	1	2	3	4	5
	20	我的朋友支持我的职业发展	1	2	3	4	5
	21	我在社会环境中获得了很多职业支持	1	2	3	4	5
	22	我的同事支持我的职业发展	1	2	3	4	5
职业卷入	23	我的工作是自我认同的一部分	1	2	3	4	5
	24	工作是我生活中的重要部分	1	2	3	4	5
	25	我与工作之间存在很强烈的情感联系	1	2	3	4	5
职业生涯自信	26	我可以成功地管理自己的职业生涯	1	2	3	4	5
	27	当我设置职业生涯目标时,我有信心完成它们	1	2	3	4	5
	28	我相信我能够应对职业生涯中的挑战	1	2	3	4	5
	29	我可以成功地发展自己的职业生涯	1	2	3	4	5

(续表)

维度	序号	题项	非常不符合	比较不符合	不确定	比较符合	非常符合
职业生涯明确	30	我非常清楚在职业生涯中要完成什么目标	1	2	3	4	5
	31	我的职业目标非常清晰,并且能够反映我的兴趣和价值观	1	2	3	4	5
	32	我有清晰的职业目标	1	2	3	4	5
社会网络构建	33	我一直努力在专业领域中建立良好的人际关系	1	2	3	4	5
	34	我经常与对我职业发展很重要的人交往	1	2	3	4	5
	35	我经常利用人际关系来发展我的职业生涯	1	2	3	4	5
职业生涯探索	36	我会定期搜集与职业机会相关的信息	1	2	3	4	5
	37	我一直关注就业市场的最新动态	1	2	3	4	5
	38	我会定期更新可能的职业机会信息	1	2	3	4	5
学习	39	我会把握每一个拓展专业知识的机会	1	2	3	4	5
	40	我一直在提升工作相关的能力	1	2	3	4	5
	41	我所掌握的工作相关技能和知识都能与时俱进	1	2	3	4	5

生涯资源问卷(员工版)从主客观职业成功的关键条件中提炼出13个重要维度,共41个题项。这13个维度可以分为四个模块:

(1) 人力资本模块由专业知识技能、就业市场知识、通用技能三个维度构成,共9个题项;

(2) 环境资源模块由职业机会、职业生涯组织支持、工作挑战、职业生涯社会支持四个维度构成,共13个题项;

(3) 动机资源模块由职业卷入、职业生涯自信、职业生涯明确三个维度构成,共10个题项;

(4) 职业生涯管理资源模块由社会网络构建、职业生涯探索、学习三个维度构成,共9个题项。

参考资料:

Hirschi, A. (2012). The career resources model: An integrative framework for career counsellors. *British Journal of Guidance & Counselling*, 40, 369-383.

Hirschi, A., Nagy, N., Baumeler, F., et al. (2018). Assessing key predictors of career success: Development and validation of the career resources questionnaire. *Journal of Career Assessment*, 26(2), 338-358.

第6章

规划的偶然性生涯清单

吴方缘[*]

1. 简介

机会在职业发展中扮演着重要的角色,职业决策和职业发展受到计划外事件的影响。偶发事件可以被定义为对职业发展和行为产生影响的非计划的、偶然的,或其他情景性的、不可预测的、无意的事件或遭遇(Rojewski,1999)。规划的偶然性生涯理论(Planned Happenstance Career Theory,PHCT)提倡一种以过程为中心的观点,强调一个人利用意外事件创造机会的积极行为,而不是简单地认为这些事件必然是积极的。Mitchell et al.(1999)将意外事件描述为有积极后果的机会,尽管这些事件最初是出乎人们意料的(Son,2009)。规划的偶然性生涯理论强调帮助来访者利用偶然事件来提升职业潜力。"规划""偶然性"这两个概念乍看是矛盾的,但这两个词是理论提出者特意选择的,以突出这一理论的关键概念,即个体可以自己制造有计划的偶然事件,并通过这些事件最大限度地提高自身的学习效果。理论提出,职业咨询师可以帮助他们的来访者发展五种技能,以识别、创造和利用偶然事件作为职业发展的机会。

这五项技能分别为乐观(Optimism)、灵活(Flexibility)、坚持(Persistence)、好奇(Curiosity)和风险承担(Risk Taking)。乐观是指个体对职业生涯的积极期望;灵活是指个体对各种职业环境的适应性和进取心态;坚持是指个体面对困难时继续追求职业成功的能力;好奇是指个体对与自己职业有关的新活动的关注;风险承担是指无论结果如何,个体都愿意接受挑战。Kim et al.(2014)开发了规划的偶然性生涯清单(Planned Happenstance Career Inventory,PHCI)用于评估个体的这五项技能。

---

[*] 吴方缘,中国人民大学劳动人事学院硕士研究生。

2. 信度与效度

规划的偶然性生涯清单的内部一致性系数为 0.92，五个维度的内部一致性系数均高于 0.80。同时规划的偶然性生涯清单具有良好的区分效度，并有较好的预测效度（职业准备、职业决策、自我效能感和职业压力）。

3. 量表内容

规划的偶然性生涯清单如表 1-6-1 所示。

表 1-6-1　规划的偶然性生涯清单

维度	序号	题项	非常不符合	不符合	不确定	符合	非常符合
乐观	1	我未来的事业是光明的	1	2	3	4	5
	2	我对我未来的职业有积极的看法	1	2	3	4	5
	3	我认为我的未来充满了可能性	1	2	3	4	5
	4	我未来会有很多职业机会	1	2	3	4	5
	5	即使我的职业生涯未按预期发展，我也会实现职业成功	1	2	3	4	5
灵活	6	我认为我的职业生涯可以在我生命中的任何时刻改变	1	2	3	4	5
	7	我认为职业可以随时改变	1	2	3	4	5
	8	我能灵活地考虑多种选择，而不是只追求一条职业道路	1	2	3	4	5
	9	我愿意根据我的情况考虑改变职业道路	1	2	3	4	5
	10	我倾向于灵活地做出职业决定	1	2	3	4	5
坚持	11	在职业生涯的探索中，即使遇到困难，我也会坚持走下去	1	2	3	4	5
	12	在职业生涯的探索中，即使遇到困难，我也会坚持自己的选择	1	2	3	4	5
	13	即使遇到意料之外的困难，我也会坚持努力	1	2	3	4	5
	14	即使遇到意料之外的困难，我也会坚持执行我的职业规划	1	2	3	4	5
	15	即使遇到意料之外的困难，我也会耐心地追求我的事业	1	2	3	4	5

（续表）

维度	序号	题项	非常不符合	不符合	不确定	符合	非常符合
好奇	16	我对周围发生的事情很感兴趣	1	2	3	4	5
	17	我对这种偶然机会带来全新体验的想法很感兴趣	1	2	3	4	5
	18	我对意外事件很好奇	1	2	3	4	5
	19	我对可能有助于职业决策的新活动感兴趣	1	2	3	4	5
	20	当我得到新的工作信息时，我就会好奇地进行研究	1	2	3	4	5
风险承担	21	我会追求我选择的职业道路，即便结果是不确定的	1	2	3	4	5
	22	在追求事业的过程中，我可以接受一定程度的风险	1	2	3	4	5
	23	即使无法保证最后一定会成功，我仍然会接受挑战	1	2	3	4	5
	24	我愿意冒险，尽管后果不确定	1	2	3	4	5
	25	不论有任何潜在的风险，我都愿意迎接挑战、尝试新事物，因为这可能会带来更好的职业选择	1	2	3	4	5

参考资料：

Kim, B., Jung, S. H., Jang, S. H., et al. (2014). Construction and initial validation of the planned happenstance career inventory. *Career Development Quarterly*, 62(3), 239-253.

Kim, B. W. & Kim, G. H. (1997). Career decision level and career preparation behavior of the college students [In Korean]. *The Korean Journal of Counseling and Psychotherapy*, 9, 311-333.

Mitchell, K. E., Levin, S. A. & Krumboltz, J. D. (1999). Planned happenstance: Constructing unexpected career opportunities. *Journal of Counseling & Development*, 77, 115-124.

Rojewski, J. W. (1999). The role of chance in the career development of individuals with learning disabilities. *Learning Disability Quarterly*, 22, 267-278.

Son, E. Y. (2009). The role of chance and happenstance in the process of career choice [In Korean]. *The Korean Journal of Counseling*, 10, 385-397.

第7章

职业群兴趣测验

潘 真[*]

1. 简介

职业群兴趣测验(Career Clusters Interest Survey,CCIS)由美国职业群研究所(Career Clusters Institute)开发,旨在帮助使用者了解他们感兴趣的职业领域(Ruffing,2006)。该测验包括16个职业领域,与美国教育部、职业成人教育办公室划分的16个职业群对应,每个职业领域中都包含17个条目,分别是7条"我感兴趣的事情"、5条"最能代表我的个人品质"、5条"我最喜欢的科目"(Primé & Tracey,2010)。

职业群兴趣测验可以更好地帮助教育工作者评估学生的职业群分数,了解学生的职业兴趣,并为学生匹配合适的职业和技术课程。

2. 使用方法和步骤

首先,使用者需要分别在16个栏目的描述中选出最符合自身情况的选项,并且在每个栏目的最右侧写出该栏的总选项数。然后,查询对应的职业群描述,有最多总选项数的栏目便是使用者最向往的职业领域。

3. 工具内容

职业群兴趣测验与职业群描述分别如表1-7-1和表1-7-2所示。
指导语:
- 请在以下每一栏中选出能够描述你自身情况的选项,可多选。
- 请在每一栏最右侧写出该栏的总选项数。
- 请查看总选项数最多的三个栏目,并查询相应的职业群描述,以此探索

---

[*] 潘真,中国人民大学劳动人事学院博士研究生。

你向往的职业群。

表 1-7-1　职业群兴趣测验

栏目	我感兴趣的事情	最能代表我的个人品质	我最喜欢的科目	总选项数
1	① 学习生物是如何成长和生存的 ② 充分利用地球的自然资源 ③ 打猎/钓鱼 ④ 保护环境 ⑤ 在各种天气都希望进行户外活动 ⑥ 计划、安排且持续记录某事 ⑦ 操作机器并使它们处于良好的状态	① 自力更生 ② 热爱大自然 ③ 精力旺盛 ④ 乐于计划 ⑤ 创造性的问题解决者	① 数学 ② 生命科学 ③ 地球科学 ④ 化学 ⑤ 农学	
2	① 阅读或根据蓝图/指导行事 ② 在脑海中把图片转换为成品 ③ 多动手的工作 ④ 需要精确结果的工作 ⑤ 解决技术问题 ⑥ 参观具有历史意义的、美丽的、有趣的建筑,并且从中学习 ⑦ 遵循合理的、按部就班的程序	① 有求知欲 ② 听从指挥 ③ 注重细节 ④ 善于想象各种可能 ⑤ 富有耐心且善于坚持	① 数学 ② 制图 ③ 自然科学 ④ 建筑 ⑤ 电子器械/空调制冷/制热技术	
3	① 运用我的想象力与他人交流新信息 ② 在他人面前表演 ③ 阅读与写作 ④ 表演乐器 ⑤ 从事创造性、艺术性的活动 ⑥ 学习视频录制和录音技术 ⑦ 设计宣传册及海报	① 富有创造性与想象力 ② 擅长沟通 ③ 对新技术好奇 ④ 能很好地表达对他人的感情和想法 ⑤ 坚定的	① 艺术/平面设计 ② 音乐 ③ 演讲与话剧 ④ 新闻/文学 ⑤ 视听技术	
4	① 执行日常的、有组织的任务,但具备一定灵活性 ② 与数字及细节打交道 ③ 在小组中担任领导者 ④ 与他人进行业务联系 ⑤ 使用计算机程序进行工作 ⑥ 向他人汇报或交流想法 ⑦ 在没有严格监督的情况下,计划自己的工作并遵循指导	① 有条理的 ② 实践的、有逻辑的 ③ 耐心的 ④ 世故的 ⑤ 有责任心的	① 计算机应用/商业信息技术 ② 会计 ③ 数学 ④ 英语 ⑤ 经济学	

（续表）

栏目	我感兴趣的事情	最能代表我的个人品质	我最喜欢的科目	总选项数
5	① 与不同类型的人交谈 ② 帮助别人完成作业或学习新事物 ③ 去学校学习 ④ 为他人指导或计划活动 ⑤ 同时承担多项责任 ⑥ 获取新知识 ⑦ 帮助人们克服困难	① 友善的 ② 善于决策的 ③ 助人的 ④ 创新的/好奇的 ⑤ 善于倾听的	① 语言艺术 ② 社会科学 ③ 数学 ④ 科学 ⑤ 心理学	
6	① 与数字打交道 ② 按时完成工作 ③ 基于现有事实作出预测 ④ 在一个有规则的框架内进行操作 ⑤ 分析金融信息并向他人解读 ⑥ 可靠、准确地管理资金 ⑦ 为自己穿着打扮的方式感到自豪	① 值得信赖的 ② 有条理的 ③ 自信的 ④ 有逻辑的 ⑤ 高效的	① 会计 ② 数学 ③ 经济学 ④ 银行/金融服务 ⑤ 商法	
7	① 政治相关的活动 ② 谈判、辩护、辩论以及讨论一些话题 ③ 安排活动以及与他人合作 ④ 处理细节 ⑤ 履行经常变换的职责 ⑥ 分析信息并向他人解读 ⑦ 去旅行,看看新鲜的事物	① 善于沟通的 ② 好胜的 ③ 服务导向的 ④ 有条理的 ⑤ 善于解决问题的	① 政治 ② 语言艺术 ③ 历史 ④ 数学 ⑤ 外语	
8	① 在压力下工作 ② 帮助生病的人或动物 ③ 基于逻辑以及信息做决策 ④ 学习健康与科学课程 ⑤ 对紧急事件进行快速、冷静的处理 ⑥ 作为团队的一员进行工作 ⑦ 遵循精细的指导并达到严格、精确的要求	① 有爱心和同情心的 ② 听从指挥 ③ 尽责细心的 ④ 耐心的 ⑤ 善于倾听的	① 生命科学 ② 化学 ③ 数学 ④ 职业健康 ⑤ 语言艺术	

(续表)

栏目	我感兴趣的事情	最能代表我的个人品质	我最喜欢的科目	总选项数
9	① 调查新的地方和活动 ② 与各种类型及年龄段的人打交道 ③ 筹办使大家感到愉悦的活动 ④ 有较灵活的时间安排 ⑤ 帮助人们做决定 ⑥ 与他人沟通 ⑦ 学习其他文化	① 世故的 ② 自我驱动的 ③ 善于合作的 ④ 外向的 ⑤ 不易发怒的	① 语言艺术/演讲 ② 外语 ③ 社会科学 ④ 市场营销 ⑤ 食品服务	
10	① 关注人们的需求及问题 ② 参与社区服务及做志愿者 ③ 倾听他人的观点 ④ 帮助他人做更好的自己 ⑤ 与各年龄段的人(从儿童到老年人)打交道 ⑥ 想出做事情的新方法 ⑦ 与各式各样的人交朋友	① 善于沟通/倾听 ② 关怀的 ③ 不物质的 ④ 直觉及逻辑强的 ⑤ 客观的、不轻易评判的	① 语言艺术 ② 心理学/社会学 ③ 家庭消费科学 ④ 金融 ⑤ 外语	
11	① 用电脑办公 ② 以清晰且有逻辑的推理解决复杂的问题 ③ 使用机械、技术 ④ 阅读技术性的材料或图表解决技术性问题 ⑤ 适应变化 ⑥ 玩电子游戏并且理解它们的运作原理 ⑦ 长时间集中注意力而不分心	① 善于分析,有逻辑的 ② 细心的 ③ 坚持的 ④ 善于集中注意力 ⑤ 严格的、准确的	① 数学 ② 科学 ③ 计算机技术/应用 ④ 通信 ⑤ 平面设计	
12	① 在压力及危险下工作 ② 通过自己的观察做决定 ③ 与他人沟通 ④ 处于权威地位 ⑤ 遵守规则及秩序 ⑥ 辩论并获胜 ⑦ 观察并分析人们的行为	① 冒险的 ② 可靠的 ③ 有公共意识的 ④ 果断的 ⑤ 乐观的	① 语言艺术 ② 心理学/社会学 ③ 政治/历史 ④ 法律执行 ⑤ 急救	

(续表)

栏目	我感兴趣的事情	最能代表我的个人品质	我最喜欢的科目	总选项数
13	① 从事手工劳动 ② 把东西组合在一起 ③ 从事日常的、有序的、精确的工作 ④ 从事那些能够生产实物的活动 ⑤ 通过数学寻找问题解决办法 ⑥ 使用手动或电动工具,操纵设备/机器 ⑦ 从平面图纸中将物体想象成立体结构	① 实践的 ② 善于观察的 ③ 精力充沛的 ④ 善于循序渐进地思考 ⑤ 协调的	① 数学/几何学 ② 化学 ③ 工业贸易 ④ 物理学 ⑤ 语言艺术	
14	① 购物/逛商场 ② 担任负责人/主管 ③ 展示及推广创意 ④ 做演讲并且享受在公共场合下讲话 ⑤ 劝说人们购买产品或参加某种活动 ⑥ 向他人阐述自己的想法 ⑦ 把握机遇创造额外利润	① 热情的 ② 好胜的 ③ 有创意的 ④ 自我驱动的 ⑤ 有说服力的	① 语言艺术 ② 数学 ③ 商科/市场营销 ④ 经济学 ⑤ 计算机应用	
15	① 解释公式 ② 找到问题的答案 ③ 在实验室工作 ④ 找出事物的工作原理并探索新事物 ⑤ 探索新技术 ⑥ 用实验的方法找到最佳的解决方法 ⑦ 注重细节并且致力于让事情变得更加精确	① 细节导向的 ② 好奇的 ③ 客观的 ④ 有条理的 ⑤ 较死板的	① 数学 ② 科学 ③ 制图/计算机辅助制图 ④ 电子学/计算机网络 ⑤ 技术教育	
16	① 旅行 ② 视力好,反应快 ③ 解决机械故障 ④ 设计高效的流程 ⑤ 适应需求的变化,并及时作出调整 ⑥ 驾驶车辆 ⑦ 把东西从一个地方移到另一个地方	① 现实的 ② 呆板的 ③ 协调的 ④ 善于观察的 ⑤ 善于计划的	① 数学 ② 工业贸易 ③ 自然科学 ④ 经济学 ⑤ 外语	

表 1-7-2　职业群描述

栏目	职业群类别	描述
1	农业食品、自然资源类	包含农业商品及资源(如食品、纤维、木制品、自然资源、园艺及其他动植物产品)的生产、加工、营销、分配、经营及发展
2	建筑工程类	包含设计、安排、管理、建造、维护建筑环境
3	艺术、影视技术及通信类	包含设计、生产、展览、表演、撰写、印刷多媒体内容,以及视觉表演艺术及设计、新闻、娱乐服务
4	商业管理及行政类	包含计划、组织、指导、评估更高效的商业运作的业务功能,这类职业在每一个经济部门中都存在
5	教育培训类	包含计划、管理并提供教育培训服务及相关的学习支持服务
6	金融类	包含金融投资规划、银行、保险、企业财务管理的策划、服务
7	政府与公共管理类	包含政府治理、国家安全、驻外事务、计划编制、财政税收、监管及当地政府的行政管理
8	健康科学类	包含计划、管理并提供治疗性服务、诊断性服务、健康信息、支持服务以及生物技术相关的研究
9	酒店旅游类	包含酒店及饭店运作的管理及营销,住宿、娱乐项目及旅游相关服务
10	人力服务类	包含与个人及家庭需求相关的就业咨询服务
11	信息技术类	包含为初级、技术性和专业化的职位建立 IT 职业框架的工作,涉及设计、发展、支持、管理硬件、软件、多媒体及信息系统整合服务
12	法律及公共安全类	包含计划、管理、提供法律、公共安全、保护性服务及国土安全保护,包括专业性和技术性的支持服务
13	制造业类	包含计划、管理以及将材料加工成中间产品或最终产品的过程,且涵盖生产计划与控制、维护与制造过程相关的专业性和技术性活动
14	市场营销类	包含计划、管理以及从事市场营销活动来达成组织目的的工作
15	科学、技术、工程、数学类	包含计划、管理、提供科学研究与专业技术性服务,包括实验及检测、研究与发展服务
16	交通及物流类	包含通过道路、管道、航线、铁路、水运等方式来计划、管理、运输人员、材料或货物,以及计划、管理交通基础设施,物流服务,移动设备以及设施维护

参考资料:

Primé, D. R. & Tracey, T. J. (2010). Psychometric properties of the career clusters interest survey. *Journal of Career Assessment*, 18(2), 177-188.

Ruffing, K. (2006). [online] A brief history of career clusters: Supporting a new vision for CTE. Available at: <http://www.careerclusters.org/whatis.cfm> [Accessed 19 March 2007].

第8章

阿什兰职业兴趣测量

王心茹*

1. 简介

阿什兰职业兴趣测量（Ashland Interest Assessment，AIA）是一种职业兴趣评估工具，适用于因教育水平、身体、情绪、认知或精神状况而存在就业障碍的个人，可用于高中、就业中心、青年服务机构和学习中心为有特殊需要的人进行职业和教育规划。

2. 使用方法和步骤

阿什兰职业兴趣测量由144对与工作有关的活动组成，要求受访者在两个选项之间表明职业偏好。这144对活动分属于12种职业兴趣，如艺术和手工艺品、销售、文书工作、安保服务、餐饮服务等。根据受访者的选择得出其12种职业兴趣的得分，并将个体职业兴趣评估结果与总体调查人群进行比较。

3. 工具内容

阿什兰职业兴趣测量配套了成熟的商业测评系统，读者可登录其官方网站（https://www.sigmaassessmentsystems.com/assessments/ashland-interest-assessment/）进行付费测评。

12种职业兴趣及其相关描述如表1-8-1所示。

---

* 王心茹，中国人民大学劳动人事学院硕士研究生。

表 1-8-1　12 种职业兴趣及其相关描述

职业兴趣	描述
艺术和手工艺品	喜欢制作工艺品,例如绘画、缝纫和雕刻
销售	有兴趣在商店、街上或通过电话卖东西
文书工作	享受在办公室进行的活动,例如归档、发送邮件和接听电话
安保服务	对保护他人的人身安全和财产安全感兴趣
餐饮服务	喜欢准备、烹饪食物
个人服务	喜欢为别人做事,例如剪头发或照顾孩子
卫生保健	喜欢照顾生病或受伤的人
一般事务	喜欢做与人接触较少的事务,例如清洁
动植物护理	享受照顾动物或植物等活动
建筑	对建造房屋或栅栏之类的东西感兴趣
运输	喜欢开车,例如卡车、公共汽车
机械	喜欢制作和修理诸如家用电器之类的东西

测评结果除了报告受访者对 12 种职业兴趣的水平得分,还会报告受访者与不同职业群体的人相比的得分情况。得分从高到低列出,与受访者非常相似的职业群体位于表格顶部,非常不相似的职业群体位于表格底部。

测评报告结果示例如表 1-8-2 所示。

表 1-8-2　测评报告结果示例

得分	相似性	职业群体
+0.78	非常相似	餐饮行业从业者
+0.67	非常相似	艺术家或手工艺品工匠
+0.22	中性	销售人员
+0.14	中性	办公室文员
+0.14	中性	个人服务从业者
+0.14	中性	一般事务从业者
+0.10	中性	动植物护理员
+0.05	中性	卫生保健从业者
−0.32	不相似	建筑行业从业者
−0.36	不相似	运输司机
−0.39	不相似	安保服务人员
−0.65	非常不相似	组装和维修人员

注:最终得分仅表明受访者与在专业领域工作的人员有多少相同或不同的兴趣,并不代表受访者是否有能力从事任何工作。

参考资料：

Jackson, D. N. & Marshall, C. (1997). [online] Available at: <http://www.sigmaassessmentsystems.com/assessments/ashland-interest-assessment/> [Accessed 8 Octorber 2020].

第9章

自我职业选择指导问卷

魏仕龙[*]

1. 简介

美国学者霍兰德提出人—职匹配理论,他认为人们的人格类型、兴趣与职业密切相关,兴趣是人们工作的巨大动力。凡是与人格类型对应的职业,都可以提高人们的积极性,促使人们积极地、愉快地从事该职业,而且职业兴趣与人格存在很高的相关性。因此,他把人格划分为六种类型(见图1-9-1):现实型(R)、研究型(I)、艺术型(A)、社会型(S)、企业型(E)和常规型(C),简称霍兰德六边形模型。每个人的人格都可以划入一种人格类型,并对应一种职业兴趣。而每一种职业兴趣都有两种相近的兴趣和一种相互排斥的兴趣。基于这一理论,霍兰德编制了自我职业选择指导(Self-directed Search,SDS)问卷,又名霍兰德职业兴趣自测。

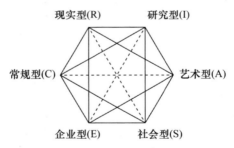

图 1-9-1 霍兰德六边形模型

2. 使用方法和步骤

自我职业选择指导是采用自我施测、自我计分、自我解释的纸笔测验,包括

---

[*] 魏仕龙,中国人民大学劳动人事学院博士研究生。

测验问卷和职业索引。通过回答问卷可以得到自己的个性类型模式，再对照职业索引，就可以得到一组最适合自己个性类型模式的职业。自我职业选择指导问卷适用于正在找工作或想要更换工作的年轻人或成人。使用该问卷主要有四个步骤：第一步是根据个人的经历或感觉，确定自己感兴趣的职业（见表1-9-1）。第二步是进行测量，包括活动、能力、感兴趣职业和能力自我评价四个方面的内容。每个方面的内容都按六种类型以 R—I—A—S—E—C 的顺序排列，除能力自我评价外，其余每个方面各种类型的题目数量都相等，被试阅读题目后选择"是（感兴趣）"或"不是（不感兴趣）"（测验问卷示例见表1-9-2）。第三步是确定霍兰德职业代码，具体的方式为将所有肯定回答按照六种人格类型算出总分，取分数最高的三个维度由高到低排列即可。第四步是按照职业代码（或顺序）在职业索引中确定自己喜欢的职业，一般来说，这些职业很可能与第一步中填写的理想职业基本一致。

表1-9-1　确定自己感兴趣的职业

第一步　你心目中的理想职业
对于未来的职业，你需要尽早考虑，它可能很抽象、很朦胧，也可能很具体、很清晰。无论是哪种情况，现在都请你把自己最想从事的3种职业按顺序写下来。
1
2
3

表1-9-2　测验问卷示例

第二步　你感兴趣的活动		
下面列举了若干种活动，请根据自己的感觉，对这些活动进行偏好判断。若是感兴趣的，请在"是"栏里打"√"；若是不感兴趣的，请在"否"栏里打"×"，请按顺序作答。		
R：现实型	是	否
1　装配、修理电器或玩具		
2　修理自行车		
3　用木头做东西		
4　开汽车或摩托车		
5　用机器做东西		
6　参加木工技术学习班		
7　参加制图、描图学习班		
8　驾驶卡车或拖拉机		
9　参加机械和电器学习班		
10　装配、修理机器		
"是"栏得分合计_____		

3. 职业索引

现实型（R）：木匠、农民、操作 X 光的技师、工程师、飞机机械师、鱼类和野生动物专家、自动化技师、机械工（车工、钳工等）、电工、无线电报务员、火车司机、长途公共汽车司机、机械制图员、机器修理师、电器师。

研究型（I）：气象学家、生物学家、天文学家、药剂师、动物学家、化学家、科学报刊编辑、地质学家、植物学家、物理学家、数学家、实验员、科研人员、科技领域作者。

艺术型（A）：室内装饰专家、图书管理专家、摄影师、音乐教师、作家、演员、记者、诗人、作曲家、编剧、雕刻家、漫画家。

社会型（S）：社会学者、导游、福利机构工作者、咨询人员、社会工作者、社会科学教师、学校领导、精神病工作者、护士。

企业型（E）：推销员、进货员、商品批发员、旅馆经理、饭店经理、广告宣传员、调度员、律师、零售商。

常规型（C）：记账员、会计、银行出纳、法庭速记员、成本估算员、税务员、核算员、打字员、办公室工作人员、统计员、计算机操作员、秘书。

以下列举了部分由三种职业类型组合而成的交叉职业：

RIA：牙医、陶工、建筑设计员、模型工、木工、链条制作人员。

RIS：厨师、林务员、跳水员、潜水员、染色员、电器修理人员、眼镜制作人员、电工、纺织机器装配工、服务员、玻璃安装工、发电厂工人、焊接工。

RIE：建筑和桥梁工程从业者、环境工程从业者、航空工程从业者、公路工程从业者、电力工程从业者、信号工程从业者、电话工程从业者、一般机械工程从业者、自动工程从业者、矿业工程从业者、海洋工程从业者、交通工程技术人员、制图员、家政经纪人员、计量员、农民、农场工人、农业机械操作员、清洁工、无线电修理工、汽车修理工、手表修理工、管工、线路装配工、工具仓库管理员。

RIC：船员、接待员、杂志保管员、牙医助手、制帽工、磨坊工、石匠、机器制造工、机车（火车头）制造工、农业机器装配工、汽车装配工、缝纫机装配工、钟表装配工、电器装配工、鞋匠、锁匠、货物检验员、电梯机修工、托儿所所长、钢琴调音员、印刷工、建筑钢铁工人、卡车司机。

RAI：手工雕刻人员、玻璃雕刻人员、模具制作人员、家具木工、皮革品制作人员、手工绣花人员、手工钩针纺织人员、排字工、印刷工人、图画雕刻人员、装订工。

RSE：消防员、交通巡警、警察、门卫、理发师、房间清洁工、屠夫、煅烧工、开凿工人、管道安装工、出租汽车司机、货物搬运工、送报员、勘探员、娱乐场所服务员、起卸机操作工、灭害虫者、电梯操作工、厨房助手。

RSI：纺织工、编织工、农业学校教师、某些职业课程（如艺术、商业、技术、工艺课程）教师、雨衣上胶工。

REC：抄水表人员、保姆、实验室动物饲养员、动物管理员。

REI：轮船船长、航海领航员、试管实验员。

RES：旅馆服务员、家畜饲养员、渔民、渔网修补工、水手长、收割机操作工、行李搬运工、公园服务员、救生员、登山导游、火车工程技术员、建筑工作、铺轨工人。

RCI：测量员、勘测员、仪表操作者、农业工程技术人员、化学工程技师、石油工程技师、资料室管理员、探矿工、煅烧工、烧窑工、矿工、保养工、磨床工、取样工、样品检验员、纺纱工、炮手、漂洗工、电焊工、锯木工、刨床工、制帽工、手工缝纫工、油漆工、染色工、按摩工、木匠、电影放映员、勘测员助手。

RCS：公共汽车司机、水手、游泳池服务员、裁缝、建筑工作者、石匠、烟囱修建工、混凝土工、电话修理工、爆炸手、邮递员、矿工、裱糊工、纺纱工。

RCE：打井工、吊车司机、农场工人、邮件分类员、铲车司机、拖拉机司机。

IAS：农业经济学家、财政经济学家、国际贸易经济学家、实验心理学家、工程心理学家、哲学家、内科医生、数学家。

IAR：人类学家、天文学家、化学家、物理学家、医学病理学家、动物标本制作者、化石修复者、艺术品管理者。

ISE：营养学家、饮食顾问、防火检查员、邮政服务检查员。

ISC：侦察员、电视播音室修理员、电视修理服务员、验尸房人员、医学实验师、调查研究者。

ISR：水生生物学家、昆虫学家、微生物学家、配镜师、矫正视力者、细菌学家、牙科医生、骨科医生。

ISA：实验心理学家、发展心理学家、教育心理学家、社会心理学家、临床心理学家、皮肤病学家、精神病学家、妇产科医师、眼科医生、五官科医生、医学实验室技术专家、民航医务人员、护士。

IES：细菌学家、生理学家、化学专家、地质专家、地球物理学专家、纺织技术专家、医院药剂师、药房营业员。

IEC：档案保管员、保险统计员。

ICR：质量检验技术员、地质学技师、工程师、法官、图书馆技术辅导员、计算机操作员、医院听诊员、家禽检查员。

IRA：地理学家、地质学家、物理声学家、矿物学家、古生物学家、石油学家、地震学家、原子和分子物理学家、电学和磁学物理学家、气象学家、设计审核员、人口统计学家、外科医生、城市规划专家、气象员。

　　IRS：流体物理学家、物理海洋学家、等离子物理学家、农业科学家、动物学家、食品科学家、园艺学家、植物学家、细菌学家、解剖学家、动物病理学家、作物病理学家、药物学家、生物化学家、生物物理学家、细胞生物学家、临床化学家、遗传学家、分子生物学家、质量控制工程师、地理学家、兽医、放射性治疗技师。

　　IRE：化验员、化学工程师、纺织工程师、食品工程师、渔业技术专家、材料和测试工程师、电气工程师、土木工程师、航空工程师、行政官员、冶金专家、陶瓷工程师、地质工程师、牙医。

　　IRC：飞机领航员、飞行员、物理实验室技师、文献检查员、农业技术专家、动植物技术专家、生物技师、油管检查员、工商业规划者、矿场安全检查员、纺织品检验员、照相机修理者、工程技术员、程序员、工具设计者、仪器维修工。

　　CRI：记账员、会计、计时员、铸造机操作工、打字员、复印机操作工。

　　CRS：仓库保管员、档案管理员、缝纫工、收款人。

　　CRE：标价员、实验室工作者、广告管理者、自动打字机操作员、发动机装配工、缝纫机操作工。

　　CIS：记账员、服务员、报刊发行员、土地测量员、保险公司职员、会计师、估价员、邮政检查员、外贸检查员。

　　CIE：打字员、统计员、支票记录员、订货员、校对员、办公室工作人员。

　　CIR：校对员、工程职员、海底电报员、检修计划员。

　　CSE：接待员、通讯员、电话接线员、卖票员、旅馆服务员、旅游办事员。

　　CSR：货运代理商、铁路工作人员、交通检查员、办公室通讯员、记账员、出纳员、银行财务人员。

　　CSA：秘书、图书馆管理员、办公室工作人员。

　　CER：邮递员、数据处理员、办公室工作人员。

　　CEI：推销员、经济分析家。

　　CES：银行会计、记账员、秘书、速记员、法院报告人。

　　ECI：银行行长、审计员、信用管理员、地产管理员、商业管理员。

　　ECS：银行办事员、保险人员、进货员、海关服务经理、售货员、采购员、会计。

　　ERI：建筑物管理员、工业工程师、农场管理员、护士长、农业经营管理人员。

　　ERS：仓库管理员、房屋管理员、货栈监督管理员。

　　ERC：邮政局局长、渔船船长、机械操作领班、木工领班、瓦工领班、司机领班。

　　EIR：科技出版物的管理员。

EIC：专利代理人、鉴定人、运输服务检查员、安全检查员、废品收购人员。
EIS：警官、侦察员、安全咨询员、合同管理者、商人。
EAS：法官、律师、公证人。
EAR：展览室管理员、舞台管理员、播音员、驯兽员。
ESC：理发师、裁判员、政府行政管理员、财政管理员、工程管理员、职业病防治员、售货员、商业经理、办公室主任、人事经理、调度员。
ESR：家具售货员、书店售货员、公共汽车司机、日用品售货员、护士长、自然科学部门或工程的行政领导。
ESI：博物馆管理员、图书馆管理员、古迹管理员、饮食业经理、地区安全服务管理员、技术服务咨询者、超市管理员、零售商品店店员、批发商、出租汽车服务站调度员。
ESA：博物馆馆长、报刊管理员、音乐器材售货员、导游、(轮船或飞机上的)事务长、机务人员、船员、法官、律师。
ASE：戏剧导演、舞蹈教师、广告撰稿人、报刊专栏作者、记者、演员、英语翻译。
ASI：音乐教师、乐器教师、美术教师、管弦乐指挥、合唱队指挥、歌星、演奏家、哲学家、作家、广告经理、时装模特。
AER：新闻摄影师、电视摄影师、艺术指导、录音指导、丑角演员、魔术师、木偶戏演员、跳水员。
AEI：音乐指挥、舞台指导、电影导演。
AES：流行歌手、舞蹈演员、电影导演、广播节目主持人、舞蹈教师、口技表演者、喜剧演员、模特。
AIS：画家、剧作家、编辑、评论家、时装艺术大师、新闻摄影师、演员、文学作家。
AIE：花匠、皮衣设计师、工业产品设计师、剪影艺术家、雕刻大师。
AIR：建筑师、画家、摄影师、绘图员、环境美化工、雕刻家、包装设计师、陶器设计师、绣花工、漫画工。
SEC：社会活动家、退伍军人事务员、教育咨询者、宿舍管理员、旅馆经理、饮食服务管理员。
SER：健身教练、游泳指导。
SEI：大学校长、学院院长、医院行政管理员、历史学家、家政经济学家、职业学校教师、资料员。
SEA：娱乐活动管理员、国外事务办事员、社会服务助理、一般咨询人员、宗教教育工作者。

SCE：领导助理、福利机构职员、生产协调人员、环境卫生管理人员、剧院经理、餐馆经理、售票员。

SRI：外科医师助手、医院引导员。

SRE：体育教师、职业病治疗者、专业运动员、房屋管理员、儿童家庭教师、警察、传达员、保姆。

SRC：护理员、护理助理、医院勤杂工、理发师、学校儿童服务人员。

SIA：社会学家、心理咨询师、心理学家、政治学家、大学院系主任，以及教育学、农业、工程和建筑、法律、数学、医学、物理、社会科学和生命科学教师，研究生助教、成人教育教师。

SIE：营养学家、饮食学家、海关检查员、安全检查员、税务稽查员、校长。

SIC：绘图员、兽医助手、诊所助理、体检员、监狱工作者、娱乐指导者、咨询人员、社会科学教师。

SIR：理疗员、救护队工作人员、手足病医生、职业病治疗助手。

参考资料：

Holland J. L. & Messer M. A.（2013）. *Self-directed search*. 5th Edition. Lutz，FL：PAR.

SDS Development（2020）.［online］Discover Your Passion | Self-Directed Search. Available at：<https://self-directed-search.com/>［Accessed 8 March 2023］.

第10章

个人球形职业兴趣清单

杨双绮*

1. 简介

职业兴趣是一种职业选择与态度方面的倾向。对于个人而言，找到自己的职业兴趣对于个人职业发展具有重要意义。Tracy(2002)在霍兰德六边形模型(见图1-10-1)的基础上，提出八种类型的职业兴趣(社会促进、管理、商业细节、数据加工、机械、自然、艺术、助人)，并将Prediger(1982)的二维模型拓展为三维球形模型(人物/事物、数据/观念、声望)。该模型原量表(个人球形职业兴趣清单)(Personal Globe Inventory，PGI)较为复杂且题项较多，Tracy(2010)将其修订为40个题项的简版(PGI-S)，而张宇等(2013)将其修订为中国版本(PGI-SC)。本文选用PGI-S进行介绍。

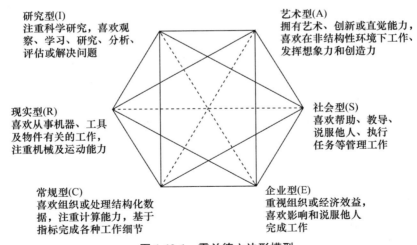

图1-10-1 霍兰德六边形模型

---

* 杨双绮，中国人民大学劳动人事学院硕士研究生。

2. 信度与效度

PGI-S 内部一致性系数为 0.71—0.91，重测信度为 0.68—0.82。在八个职业兴趣维度上，模型—数据拟合指标为 0.89；在霍兰德六边形模型的职业兴趣维度上，模型—数据拟合指标为 0.83，量表结构效度良好。

3. 量表内容

请阅读以下活动列表（见表 1-10-1），并对每个活动进行两次评分。一次是你对这项活动的喜欢程度，另一次是你对这项活动的胜任能力，请根据自己的情况选择合适的评分。

喜欢程度：1＝非常不喜欢；2＝比较不喜欢；3＝有点不喜欢；4＝无所谓；5＝有点喜欢；6＝比较喜欢；7＝非常喜欢。

胜任程度：1＝完全不能胜任；2＝比较不能胜任；3＝有点不能胜任；4＝中等能力；5＝有点能胜任；6＝比较能胜任；7＝完全能胜任。

表 1-10-1　活动列表

序号	题项	喜欢程度	胜任程度
1	在餐厅安排顾客就座		
2	管理旅馆		
3	撰写财务报告		
4	监督数据分析小组工作		
5	安装电线		
6	将野生动植物分类		
7	雕刻、雕塑		
8	辅导小孩学习		
9	在公众面前发表演讲		
10	开公共汽车		
11	开展调查访谈		

(续表)

序号	题项	喜欢程度	胜任程度
12	管理办公室事务		
13	保管办公室财务票据		
14	管理电力站		
15	监督建筑工程实施		
16	撰写学术论文		
17	画肖像		
18	教他人跳舞		
19	研究选举的影响		
20	搬运和装载货物		
21	销售服装		
22	监督销售员工作		
23	记录股票交易情况		
24	编写计算机程序		
25	检查施工现场的安全性		
26	讲授科学课程		
27	编写剧本		
28	讲授烹饪课程		
29	制订社会活动计划		
30	开出租车		
31	陪护他人		
32	整理办公记录		
33	编写企业会计程序		
34	分析勘测地图		
35	组装精密光学仪器		
36	研究野生动植物		
37	画漫画		
38	照看托儿所的小孩		
39	为他人做辩护律师		
40	用砂纸把木制家具打磨光滑		

在 PGI-S 的基础上,可衍生出八维基本职业兴趣量表、声望职业兴趣量表、四维基本职业兴趣量表、霍兰德基本职业兴趣量表、三维职业兴趣量表。不同量表内部维度的计算公式如表 1-10-2 所示。

表 1-10-2　计算公式

量表	维度	计算公式
八维基本职业兴趣量表	社会促进(Scale1)	$i1+i11+i21+i31$
	管理(Scale2)	$i2+i12+i22+i32$
	商业细节(Scale3)	$i3+i13+i23+i33$
	数据加工(Scale4)	$i4+i14+i24+i34$
	机械(Scale5)	$i5+i15+i25+i35$
	自然(Scale6)	$i6+i16+i26+i36$
	艺术(Scale7)	$i7+i17+i27+i37$
	助人(Scale8)	$i8+i18+i28+i38$
声望职业兴趣量表	高声望(Scale9)	$i9+i19+i29+i39$
	低声望(Scale10)	$i10+i20+i30+i40$
四维基本职业兴趣量表	人物(Scale11)	$0.924\times(Scale8+Scale1)+0.383\times(Scale2+Scale7)$
	事物(Scale12)	$0.924\times(Scale4+Scale5)+0.383\times(Scale3+Scale6)$
	数据(Scale13)	$0.924\times(Scale2+Scale3)+0.383\times(Scale1+Scale4)$
	观念(Scale14)	$0.924\times(Scale7+Scale6)+0.383\times(Scale5+Scale8)$
霍兰德基本职业兴趣量表	现实型	Scale5
	研究型	Scale6
	艺术型	Scale7
	社会型	$(2\times Scale8+Scale7)/3$
	企业型	$(2\times Scale2+Scale1)/3$
	常规型	$(2\times Scale4+Scale3)/3$
三维职业兴趣量表	人物/事物	Scale11−Scale12
	数据/观念	Scale13−Scale14
	声望	Scale9−Scale10

注:表中 i 指前述题项序号;Scale 指各维度得分。以现实型维度得分为例,它等于八维基本职业兴趣量表中第五个维度(机械维度)的得分。

参考资料:

Prediger, D. J. (1982). Dimensions underlying Holland's hexagon: Missing link between interests and occupations? *Journal of Vocational Behavior*, 21(3), 259-287.

Tracey, T. J. (2010). Development of an abbreviated Personal Globe Inventory using item response theory: The PGI-Short. *Journal of Vocational Behavior*, 76

（1），1-15.

Tracey, T. J.（2002）. Personal Globe Inventory: Measurement of the spherical model of interests and competence beliefs. *Journal of Vocational Behavior*, 60（1），113-172.

张宇、魏青、李红、王宇中 & Tracey, T. J.（2015）. 个人球形职业兴趣量表简版（PGI-S）中文版的信效度检验. 应用心理学,21(1)，39-48.

第11章

舒伯工作价值观清单

魏仕龙[*]

1. 简介

职业规划通常被认为是建立在兴趣、技能、能力和价值观基础上的。兴趣、技能和能力已经有很长的评估历史和丰富的评估工具,而价值观的评估工具主要是舒伯工作价值观清单(Super's Work Values Inventory,SWVI)。

SWVI起源于20世纪40年代末的职业模式研究。它评估了15种价值观,如成就、威望、美学和收入等,受访者采取自我报告的形式通过五点计分来评估每一种价值观对自己的重要性(Super,1970)。

SWVI-R是SWVI初始版本(Super,1970)的修订版。具体来说,1970年的原始版本提供了15种价值观。然而后续的研究发现,利他主义、美学和管理这三种价值观与其他价值观有较多重叠,由此被舍去,最终保留了12种价值观:成就、上司关系、创造力、收入、独立、生活方式、挑战、威望、安全、多样性、同事关系、工作场所。每种价值观都分别通过6个题项进行评分。量表得分采用标准参照,以百分位等级的形式表示,这些标准是通过美国8 785名用户根据性别、州和年龄按比例分层抽样而确定的(Kuder,2015)。SWVI中文版由宁维卫教授于1996年修订完成(共包含60个题项),被广泛用于我国青年的职业价值观研究。本文选用SWVI中文版进行介绍。

2. 使用方法和步骤

测试为纸笔测试,测试完成后受访者可以参照评分标准自行计算得分。测试一共包含60个题项,囊括15种价值观。受访者自行评估各题项在未来工作中的重要性程度,按照"1=不重要……5=非常重要"的标准在1—5分中选择一个分数,完成所有题项后,受访者可以自行按照评分标准计算出自己在各种价值

---

[*] 魏仕龙,中国人民大学劳动人事学院博士研究生。

观上的得分。

3. 测评内容

舒伯工作价值观清单(中文版)如表1-11-1所示,每种价值观对应的题项如表1-11-2所示,将题项分数相加,即可得到每种价值观相应的分值。

表1-11-1 舒伯工作价值观清单(中文版)

分值	序号	题项	分值	序号	题项
	1	能参与救灾、扶贫的工作		31	能够减少别人的苦难
	2	能欣赏完美的艺术作品		32	能运用自己的鉴赏力
	3	能经常尝试新的构想		33	常需构思新的解决问题的方法
	4	必须花精力去思考人生		34	必须不断解决新的难题
	5	在职责范围内有充分自由		35	能自行决定工作方式
	6	可以经常看到自己的工作成果		36	能知道自己的工作绩效
	7	能在社交中扮演更重要的角色		37	能让自己觉得出人头地
	8	能知道别人如何处理事务		38	可以发挥自己的领导能力
	9	收入能比相同条件的人高		39	能使你存下很多钱
	10	能有稳定的收入		40	有好的保险和福利制度
	11	能有清静的工作场所		41	工作场所有现代化设备
	12	主管善解人意		42	主管能采取民主的领导方式
	13	能经常和同事一起参加休闲活动		43	不必和同事有利益冲突
	14	能经常变换职务		44	可以经常变换工作场所
	15	能成为自己想成为的人		45	工作常让自己觉得如鱼得水
	16	能帮助贫困和不幸的人		46	常帮助他人解决困难
	17	能增添社会的文化气息		47	能创作出优美作品
	18	可以自由地提出新颖的想法		48	常提出不同的处理方案
	19	必须不断学习才能胜任工作		49	需对事情深入分析研究
	20	工作不受他人干涉		50	可以自行调整工作进度
	21	常觉得自己的辛苦没有白费		51	工作结果受到他人肯定
	22	能提高社会地位		52	能自豪地介绍自己的工作
	23	能分配、调整他人工作		53	能为团队拟定工作计划
	24	能常常加薪		54	收入高于其他行业
	25	生病时能得到妥善照顾		55	不会轻易被解雇
	26	工作地点光线和通风好		56	工作场所整洁卫生
	27	有一个公正的主管		57	主管的学识和品德让自己敬佩
	28	能与同事建立深厚友谊		58	能够认识很多有趣的伙伴
	29	工作性质常会变化		59	工作内容随时间变化
	30	能实现自己的理想		60	能充分发挥自己专长

表 1-11-2　价值观对应的题项

分值	对应题项	价值观	分值	对应题项	价值观
	1、16、31、46	利他主义		9、24、39、54	收入
	2、17、32、47	美学		10、25、40、55	安全
	3、18、33、48	创造力		11、26、41、56	工作场所
	4、19、34、49	挑战		12、27、42、57	上司关系
	5、20、35、50	独立		13、28、43、58	同事关系
	6、21、36、51	成就		14、29、44、59	多样性
	7、22、37、52	威望		15、30、45、60	生活方式
	8、23、38、53	管理			

参考资料：

Kuder, Inc. (2015). *Super's Work Values Inventory-Revised* (*SWVI-R*). Adel, IA: Author.

Super, D. E. (1970). *Manual, Work Values Inventory*. Boston, MA: Houghton-Mifflin.

宁维卫 (1996). 中国城市青年职业价值观研究. 成都大学学报(社会科学版) (4), 4.

第12章

职 业 锚

杨双绮[*]

1. 简介

职业锚(Career Anchor)理论产生于在职业生涯规划领域具有"教父"级地位的美国著名职业指导专家埃德加·H. 施恩(Edger H. Schein)教授领导的专门研究小组。斯隆管理学院的44名工商管理硕士(MBA)毕业生,自愿形成一个小组,接受施恩教授长达12年的职业生涯研究,通过面谈、跟踪调查、公司调查、人才测评、问卷等多种方式,最终分析总结出职业锚理论(又称"职业定位理论")。

职业锚测评是帮助使用者了解自我和进行职业生涯规划咨询的工具,通过对使用者过去行为和未来目标的分析,帮助其探索真实自我,找到目前期望且合适的职业定位,有助于个人完善职业生涯规划。这是目前在国外职业测评中使用最广泛和有效的工具之一。若使用者有一定的工作经验(1—3年),测评会更具指导意义。

2. 信度与效度

职业锚总量表的内部一致性系数为0.77—0.89。八个分量表内部一致性系数分别为:技术型职业锚0.70,管理型职业锚0.83,自主型职业锚0.79,安全型职业锚0.89,创业型职业锚0.87,挑战型职业锚0.85,服务型职业锚0.77,生活型职业锚0.83。通过计算发现,两个锚之间的协方差均低于每个锚的平均方差,因此量表具有较好的区分效度。

---

[*] 杨双绮,中国人民大学劳动人事学院硕士研究生。

3. 量表内容

职业锚量表(见表 1-12-1)一共有 40 个关于职业的描述,请根据你的真实想法,为每个题项打一个分数。1 代表"这种描述完全不符合你的想法";2 代表"你偶尔这么想";3 代表"你有时这么想";4 代表"你经常这么想";5 代表"你频繁这么想";6 代表"这种描述完全符合你的想法"。除非你非常明确,否则不要轻易做出极端的选择,比如 1 或 6。

表 1-12-1 职业锚量表

序号	题项	评分
1	我希望做我擅长的工作,这样我的专业建议可以经常被采纳	
2	当我整合并管理他人的工作时,我会非常有成就感	
3	我希望我的工作能让我用自己的方式和计划去开展	
4	对我而言,安定与稳定比自由和自主更重要	
5	我一直在寻找可以让我创立自己事业(公司)的创意(点子)	
6	我认为只有对社会做出真正贡献的职业才算是成功的职业	
7	在工作中,我希望去解决那些有挑战性的问题	
8	我宁愿离开公司,也不愿从事一份需要个人和家庭做出一定牺牲的工作	
9	将技术和专业水平发展到一个更有竞争力的层次是我获得成功职业的必要条件	
10	我希望能够管理一个大的公司(组织),这样我的决策将会影响许多人	
11	如果我可以自由地决定自己的工作内容、计划、过程,那么我会非常满意	
12	如果工作使我丧失自己在组织中的安全感和稳定感,那么我宁愿离开这个工作岗位	
13	对我而言,创办自己的公司比在其他的公司中争取一个高层管理职位更有意义	
14	我的职业满足感来自我可以用自己的才能为他人提供服务	
15	我认为职业成就感来自克服自己面临的非常有挑战的困难	
16	我希望我的职业能够兼顾个人、家庭和工作的需要	
17	对我而言,在我喜欢的专业领域做资深专家比成为总经理更有吸引力	
18	只有我成为公司的总经理,我才认为我的职业生涯是成功的	
19	成功的职业应该允许我拥有完全的自主与自由	
20	我愿意在能给我安全感、稳定感的公司中工作	
21	当通过自己的努力或想法完成工作时,我的工作成就感最强	
22	对我而言,利用自己的才能使这个世界变得更适合生活或居住,比争取一个高层管理职位更重要	

(续表)

序号	题项	评分
23	当我解决了看上去不可能解决的问题,或者在看似必输无疑的竞赛中胜出,我会非常有成就感	
24	我认为只有很好地平衡了个人、家庭、工作三者的关系,生活才能算是成功的	
25	我宁愿离开公司,也不愿频繁接受那些不属于我专业领域的工作	
26	对我而言,做一个全面的管理者比在我喜欢的专业领域内做资深专家更有吸引力	
27	对我而言,用我自己的方式不受约束地完成工作,比安全、稳定更加重要	
28	只有我的收入和工作有保障,我才会对工作感到满意	
29	在职业生涯中,如果我能成功地创造或实现完全属于我的产品或点子,那么我就会感到自己非常成功	
30	我希望从事对人类和社会真正有贡献的工作	
31	我希望工作中有很多可以不断挑战我解决问题能力的机会	
32	我认为能很好地平衡个人生活与工作,比获得一个高层管理职位更重要	
33	如果在工作中能经常用到我特别的技巧和才能,那么我会感到特别满意	
34	我宁愿离开公司,也不愿意接受非管理职位的工作	
35	我宁愿离开公司,也不愿意接受约束我自由和自主控制权的工作	
36	我希望有一份让我有安全感和稳定感的工作	
37	我梦想着创建属于自己的事业	
38	如果工作限制了我为他人提供帮助或服务,那么我宁愿离开公司	
39	我认为去解决那些几乎无法解决的难题,比获得一个高层管理职位更有意义	
40	我一直在寻找一份能最小化个人和家庭之间冲突的工作	

计算方法

(1) 附加分。找出得分较高的描述,从中挑出与你日常想法最吻合的三个题项,给这三个题项额外各加 4 分(例如,原来得分为 6,调整后的得分为 10)。

(2) 计算总分。将每一题的分数按序号填入表 1-12-2,然后对每行的分数进行加总。

(3) 计算平均分。将每行总分除以 5,得到每行的平均分,并填入表格。平均分最高的职业锚类型,就代表了最符合你的职业锚,具体解释请参见表 1-12-3。

表 1-12-2 职业锚量表计分

职业锚类型	分数					总分	平均分
技术型	1	9	17	25	33		
管理型	2	10	18	26	34		
自主型	3	11	19	27	35		
安全型	4	12	20	28	36		
创业型	5	13	21	29	37		
挑战型	6	14	22	30	38		
服务型	7	15	23	31	39		
生活型	8	16	24	32	40		

表 1-12-3 职业锚类型解释

职业锚类型	内涵
技术型	这种职业锚的人会发现自己很擅长且很热衷某项特定工作。真正让他们感到自豪的是自己所具备的专业才能。他们倾向于选择一种"专家式"的生活，而不喜欢成为全面的管理人员，因为这意味着他们将放弃在技术领域的成就。但他们愿意成为一名职能经理，因为职能经理这一职位可以更好地帮助他们在专业领域上发展
管理型	这种职业锚的人对管理本身具有很大的兴趣，具有成为管理人员的强烈愿望，并将此看作职业进步的标准。他们有全面管理职位所需要的相关能力，并希望自己的职位不断得到提升，这样他们可以承担更大的责任并拥有更大的决策权
自主型	这种职业锚的人追求自主和独立，不愿意受到别人的约束，也不愿受程序、工作时间、着装要求及其他标准规范的约束。无论什么样的工作，他们都希望能用自己的方式、工作习惯、时间进度和标准来完成
安全型	这种职业锚的人将安全与稳定当作最基本、最重要的需求。他们需要"把握自己的发展"，只有在职业发展可以预测、目标可以实现的时候，他们才会真正感觉放松

(续表)

职业锚类型	内涵
创业型	这种职业锚的人认为最重要的事是建立或设计某种完全属于自己的东西,比如建立或投资新的公司,或收购其他的公司,并按照自己的意愿改造。创造并不仅仅是发明家或艺术家所做的事,创业者也需要创造的激情和动力。他们有强烈的动力向别人证明:通过自己的努力能够创建新的企业、产品或服务,并使之发展下去。当在经济上获得成功后,赚钱便成为他们衡量成功的标准
挑战型	这种职业锚的人认为他们可以征服任何事情或任何人,并将成功定义为"克服不可能的障碍,解决不可能解决的问题,或战胜非常强硬的对手"。随着自己的进步,他们喜欢寻找越来越强硬的"挑战",希望在工作中接受越来越艰巨的任务
服务型	这种职业锚的人希望职业能够体现个人价值,他们关注工作带来的价值,而不在意能否发挥自己的才能。他们通常基于能否让世界变得更加美好这一标准做出职业决策
生活型	这种职业锚的人喜欢允许他们平衡个人需要、家庭需要和工作需要的职场环境。他们希望将生活的各个方面整合为一个整体。正因为如此,他们需要一个能够提供足够的弹性让他们实现这一目标的职场环境,甚至愿意为此放弃职业晋升的机会,因为在他们眼里,职业成功的定义是十分宽泛的

参考资料:

Jiang, J. J., Klein, G. & Balloun, J. L. (2001). The joint impact of internal and external career anchors on entry-level IS career satisfaction. *Information & Management*, 39(1), 31-39.

Schein, E. H. (1990). *Career anchors: Discovering your real values*. San Diego: Pfeiffer & Company.

第13章

职业使命感问卷与简要使命感量表

杨双绮[*]

1. 简介

使命感是个人对生活环境中工作的整体理解的核心,关系着职业发展、工作满意度、幸福感和个人成长,而使命感的测量问题一直阻碍着使命感相关研究的发展。本文基于 Dik & Duffy(2009)提出的使命感三维定义——超然召唤、以一种旨在展示或产生目的感或意义感的方式扮演特定的生活角色(目的性工作)、将社会导向的价值观和目标作为动机的主要来源(亲社会导向),开发职业使命感问卷(Calling and Vocation Questionnaire,CVQ),并检验基于"一个人的信念被召唤(社会需求、内在潜力或更高的力量等)去做一件特定事情"的使命感定义的简要使命量表(Brief Calling Scale,BCS)的效度。

2. 信度与效度

CVQ 分量表的内部一致性信度系数为 0.83—0.93,CVQ 存在维度的内部一致性信度系数为 0.89,CVQ 寻找维度的内部一致性信度系数为 0.87。CVQ 分量表的重测信度系数为 0.6—0.67,CVQ 存在维度的重测信度系数为 0.75,CVQ 寻找维度的重测信度系数为 0.67。

CVQ 和 BSC 具有良好的收敛效度与区分效度(工作希望、亲社会工作动机、生活意义和生活满意度)。

3. 量表内容

指导语: 请回忆你的整个职业生涯,并说明你与以下题项描述的符合程度。如果你现在正在做一份你认为与你的职业生涯不匹配的兼职工作,那么请把重

---

[*] 杨双绮,中国人民大学劳动人事学院硕士研究生。

点放在你的整个职业生涯上,而不是放在你现在的工作上。

职业使命感问卷如表 1-13-1 所示。

表 1-13-1 职业使命感问卷

序号	题项	完全不符合	有点符合	大部分符合	完全符合
1	我相信我是受到内心的召唤才来到我目前的工作领域	1	2	3	4
2	我在我的职业生涯中寻找使命感	1	2	3	4
3	我的工作帮助我实现了人生目标	1	2	3	4
4	我正在寻找能帮助我实现人生目标的工作	1	2	3	4
5	我正在努力寻找一份最终能让世界变得更美好的职业	1	2	3	4
6	我打算找到一份能为我的生命赋予意义的职业	1	2	3	4
7	我想找一份能满足社会某些需求的职业	1	2	3	4
8	我不相信有一股超越自己的力量引导我走向我的职业	1	2	3	4
9	我的职业生涯中最重要的价值是满足他人的需求	1	2	3	4
10	我正在努力创建一项有利于社会的事业	1	2	3	4
11	我被超越自己的东西吸引,去追求我目前的职业	1	2	3	4
12	为他人做出改变是我职业生涯的主要动机	1	2	3	4
13	我渴望在我的职业生涯中有一种使命感	1	2	3	4
14	我希望我的事业能与我的人生目标一致	1	2	3	4
15	我把我的职业生涯看作一条实现人生目标的道路	1	2	3	4
16	我正在找一份能满足他人需求的工作	1	2	3	4
17	我的工作为公共利益做出了贡献	1	2	3	4
18	我正试图弄清楚在我在职业生涯中的使命	1	2	3	4
19	我正在寻找我本来打算从事的工作领域	1	2	3	4
20	我的职业生涯是我生命意义的重要组成部分	1	2	3	4
21	我想追求一项能体现自身价值的事业	1	2	3	4
22	我总是试图评估我的工作对别人有益的程度	1	2	3	4
23	我从事目前的工作是因为我受到内心的召唤	1	2	3	4
24	当我在工作时,我会努力实现我的生活目标	1	2	3	4

注:序号为 8 的题项为反向计分。

在 CVQ"存在""寻找"维度下,还有"超然召唤""目的性工作""亲社会导向"三个子维度。具体而言，CVQ 中存在—超然召唤维度对应的题项序号为 1、8、11、23，寻找—超然召唤维度对应的题项序号为 2、13、18、19；存在—目的性工作维度对应的题项序号为 3、15、20、24，寻找—目的性工作维度对应的题项序号为 4、6、14、21；存在—亲社会导向维度对应的题项序号为 9、12、17、22，寻找—亲社会导向维度对应的题项序号为 5、7、10、16。

简要使命感量表如表 1-13-2 所示。

表 1-13-2　简要使命感量表

序号	题项	完全不符合	有点符合	部分符合	大部分符合	完全符合
1	我有使命感需要做一种特定的工作	1	2	3	4	5
2	我已经很好地理解了我职业生涯中的职业使命感	1	2	3	4	5
3	我正在努力寻找我在职业生涯中的使命感	1	2	3	4	5
4	我正在寻找我的职业使命感，并尝试把它用于我的职业生涯	1	2	3	4	5

BCS 中存在维度对应的题项序号为 1、2，寻找维度对应的题项序号为 3、4。

参考资料：

Dik, B. J. & Duffy, R. D. (2009). Calling and vocation at work: Definitions and prospects for research and practice. *The Counseling Psychologist*, 37 (3), 424-450.

Dik, B. J., Eldridge, B. M., Steger, M. F. & Duffy, R. D. (2012). Development and validation of the Calling and Vocation Questionnaire (CVQ) and Brief Calling Scale (BCS). *Journal of Career Assessment*, 20(3), 242-263.

第14章

易变性职业态度与无边界职业态度

梁佳佳[*]

1. 简介

近年来,组织研究中出现了两种新的职业模型:易变性职业和无边界职业。Hall(1976,1996,2002)将易变性职业态度(Protean Career Attitudes)定义为个人对自我的职业生涯负责,而不是组织对个人的职业发展负责。Briscoe & Hall (2002)将易变性职业态度定义为自我导向职业管理和价值观驱动两个维度。无边界职业态度(Boundaryless Career Attitudes)不强调对组织晋升和职业路径的依赖,包括无边界思维和组织流动性倾向两个维度(Arthur,1994)。Briscoe & Hall (2006)开发了相应的量表,分别测量个体的易变性职业态度和无边界职业态度。

2. 信度与效度

易变性职业态度量表自我导向职业管理维度的内部一致性信度为 0.75,价值观驱动维度的内部一致性信度为 0.70。无边界职业态度量表无边界思维维度的内部一致性信度为 0.87,组织流动性倾向维度的内部一致性信度为 0.74。这两个量表均具有良好的收敛效度(主动性人格、经验开放性、职业/学生真实性、掌握—学习目标、绩效—学习目标)。

3. 量表内容

指导语:在阅读题项描述后,选出最适合自身情况的程度。

易变性职业态度量表如表 1-14-1 所示。序号为 1—8 的题项构成自我导向职业管理维度,序号为 9—14 的题项构成价值观驱动维度。

---

[*] 梁佳佳,中国人民大学劳动人事学院硕士研究生。

表 1-14-1　易变性职业态度量表

序号	题项	很少或根本没有	有一些	在较小的程度上	在较大的程度上	在很大的程度上
1	当我的公司没有为我提供发展机会时,我会主动创造	1	2	3	4	5
2	我要为自己职业生涯的成功或失败负责	1	2	3	4	5
3	总的来说,我有一个非常独立、自我指导的职业生涯	1	2	3	4	5
4	自由地选择自己的职业道路体现了我最看重的价值观	1	2	3	4	5
5	我负责管理自己的职业生涯	1	2	3	4	5
6	最终,我将依靠自己来推动我的职业生涯向前发展	1	2	3	4	5
7	就我的职业而言,我是依赖自己的	1	2	3	4	5
8	在有必要找一份新工作时,相比于依赖别人,我更依赖自己	1	2	3	4	5
9	我根据自己的优先事项而非雇主的优先事项来决定自己的职业	1	2	3	4	5
10	对我来说,别人如何评价我的职业生涯选择并不重要	1	2	3	4	5
11	对我来说,最重要的是自己对职业成功的感受,而不是别人的感受	1	2	3	4	5
12	如果我的公司要求我做一些违背价值观的事情,我会听从内心的指引	1	2	3	4	5
13	对我来说,我本人对职业生涯的看法比公司的看法更重要	1	2	3	4	5
14	过去,当公司要求我做一些违背我意愿的事情时,我一直坚持自己的价值观	1	2	3	4	5

无边界职业态度量表如表 1-14-2 所示。序号为 1—8 的题项为无边界思维维度,序号为 9—13 的题项为组织流动性倾向维度。

表 1-14-2 无边界职业态度量表

序号	题项	很少或根本没有	有一些	在较小的程度上	在较大的程度上	在很大的程度上
1	我喜欢能让我学到新东西的工作	1	2	3	4	5
2	我很喜欢与来自不同组织的人一起做项目	1	2	3	4	5
3	我喜欢需要我与其他组织的人一起工作的任务	1	2	3	4	5
4	我喜欢需要自己部门之外的人配合的任务	1	2	3	4	5
5	我喜欢和其他单位的人一起工作	1	2	3	4	5
6	我喜欢那些需要我与许多不同组织中的人互动的工作	1	2	3	4	5
7	我曾寻求能让我与其他单位的人共事的机会	1	2	3	4	5
8	我在新的环境中充满活力	1	2	3	4	5
9	我喜欢一直在同一家单位工作带来的可预测性	1	2	3	4	5
10	如果我不能为现在的组织工作,我会感到非常失落	1	2	3	4	5
11	我更喜欢待在一家我熟悉的单位里,而不是到陌生的地方找工作	1	2	3	4	5
12	如果我的单位为我提供终身职业,我就永远不想换工作	1	2	3	4	5
13	我理想的职业生涯是一直在一家单位工作	1	2	3	4	5

注:9—13 题反向计分。

参考资料:

Arthur, M. B. (1994). The boundaryless career: A new perspective for organizational inquiry. *Journal of Organizational Behavior*, 15, 295-306.

Briscoe, J., Hall, D. & DeMuth. R. (2006). Protean and boundaryless careers: An empirical exploration. *Journal of Vocational Behavior*, 69 (1), 30-47.

Briscoe, J. P., Hall, D. T. & DeMuth, R. L. F. (2006). Protean and boundaryless careers: An empirical exploration. *Journal of Vocational Behavior*, 69(1), 30-47.

Briscoe, J. P. & Hall, D. T. (2002). The protean orientation: Creating the adaptable workforce necessary for Xexibility and speed. Paper presented at the annual meeting of the Academy of Management, Denver.

Hall, D. T. (1976). *Careers in organizations*. Glenview, IL: Scott, Foresman.

Hall, D. T. (2002). *Protean careers in and out of organizations*. Thousand Oaks, CA: Sage.

Hall, D. T. (1996). Protean careers of the 21st century. *Academy of Management Executive*, 10, 8-16.

第15章

易变性职业取向

杨祖康[*]

1. 简介

当代职业体系的特点是无边界的职业环境和动态的劳动力市场。新的职业态度和取向不断涌现,对它们的评估也越来越有挑战性。本章将介绍一个用于评估易变性职业取向(Protean Career Orientation)的测量方法,适合学者、人力资源经理和咨询顾问使用。

2. 信度与效度

易变性职业取向量表的内部一致性系数为 0.71,且有证据表明该量表具有较高的表面效度、内容效度、构念效度和区分效度。

3. 量表内容

如表 1-15-1 所示,易变性职业取向量表使用李克特 7 级计分方法。请你根据自己的实际感受和体会,对下列题项表述进行评价和判断,选择最符合自身实际情况的选项。

表 1-15-1　易变性职业取向量表

序号	题项	强烈不符合	非常不符合	有点不符合	不确定	有点符合	非常符合	强烈符合
1	对我来说,按照我的目标和价值观做事就是职业成功	1	2	3	4	5	6	7

---

[*] 杨祖康,中国人民大学劳动人事学院硕士研究生。

（续表）

序号	题项	强烈不符合	非常不符合	有点不符合	不确定	有点符合	非常符合	强烈符合
2	我为自己的职业生涯导航，我的职业生涯大部分是按照自己的计划进行的	1	2	3	4	5	6	7
3	对我来说，找一份新工作是很容易的	1	2	3	4	5	6	7
4	我的职业由自己掌控	1	2	3	4	5	6	7
5	我为自己的职业发展负责	1	2	3	4	5	6	7
6	自由和自主性是我职业生涯的驱动力	1	2	3	4	5	6	7
7	对我来说，职业生涯的成功意味着在工作中拥有灵活性	1	2	3	4	5	6	7

注：第2题对学生群体不适用，第3题用于测量被试的就业能力，使用者可以选择性地取舍。

参考资料：

Baruch, Y. (2014). The development and validation of a measure for protean career orientation. *The International Journal of Human Resource Management*, 25 (19), 2702-2723.

第16章

学生侧写工作表

潘 真*

1. 简介

学生侧写工作表（Student Profile Worksheet, SPW）用于发现使用者的工作风格，揭示使用者的工作优势与短板，并提供与之匹配的相关职业。SPW 共包含四个部分。第一部分测试使用者的行为模式，共 9 道题；第二部分测试使用者的人格特征，共 4 类，每类 12 种特点；第三部分用于确定最能代表使用者的行为模式和人格特征；第四部分是有关四种人格特征类型的具体描述。通过 SPW，使用者可以进一步了解自己的工作风格以及适合自己风格的职业。

2. 使用方法和步骤

请按照指导语依次完成各个部分的问题，最终确认自己的工作风格类型。

3. 工具内容

第一部分：行为模式

指导语：完成下列自我评估测验，在每种情况中圈出一个最能反映自己的行为、感受或想法的字母。

① 早上穿衣服的时候，你_____。
   A. 不用多想就知道自己要穿什么
   B. 会多尝试几件衣服，再决定哪件是最好的
   C. 会把前一天晚上准备好的衣服穿上
   D. 不存在衣服搭配问题，因为你衣橱里的所有衣服都是按颜色分类的

---

* 潘真，中国人民大学劳动人事学院博士研究生。

② 当你去买衣服的时候,你_____。

　　A. 不需要购物清单,因为如果忘记了,等会儿就会想起来

　　B. 会买任何吸引你的衣服,而不用担心这些衣服如何搭配

　　C. 会列出购物清单,逛遍每一家商店,最终再决定买什么

　　D. 已经事先了解衣服和商店的相关情况,所以清楚地知道自己想要什么

③ 你最喜欢以下哪种项目?_____

　　A. 结果导向的项目

　　B. 兴趣导向的项目

　　C. 可以被清楚解释的项目

　　D. 细节导向的项目

④ 若你现在是社区医院筹款委员会的成员。你会因为以下哪件事感到快乐?_____

　　A. 担任委员会主席

　　B. 宣传活动和售票

　　C. 装饰大厅

　　D. 记录收集到的款项

⑤ 当你需要做一项工作时,你会_____。

　　A. 立刻动手,争取在最短时间内完成

　　B. 倾向于小组工作,并且与大家交流自己的想法

　　C. 在整理自己工作的同时,也乐于帮助他人完成任务

　　D. 花时间检查所有工作的准确性和完整性

⑥ 你和家人准备搬到一个新的城市,你会_____。

　　A. 对新的旅行感到兴奋

　　B. 对即将遇到的新朋友感到好奇

　　C. 谨慎行事,并将所要做的事情列作清单

　　D. 对即将到来的变化感到焦虑

⑦ 当你向他人咨询某个问题的答案时,你更希望这个答案_____。

　　A. 是直截了当的解决方法

　　B. 包括对各种问题解决方法的启发

　　C. 描述问题解决的过程

　　D. 包括解决方案的数据及背景

⑧ 当你面临一个问题时,会_____。

　　A. 做自己认为最佳的选择,并付诸行动

B. 在行动之前先咨询他人或寻求他人支持
C. 在实施一个行动计划之前,先制订几个备选的行动计划
D. 在行动前会研究和调查所有选择

⑨ 当身处一个有压力的情境中时,你会_____。
A. 全权负责,有时会推翻他人的决定
B. 对抗他人,有时可能会冲动行事
C. 变得顺从,允许他人替自己做决定
D. 拒绝改变,有时会逃离这个情境

第二部分:人格特征

指导语:请在浏览表 1-16-1 的四列人格特征之后,挑选出最能描述你的 10 个特征,并把它们圈出来。

表 1-16-1 人格特征清单

A	B	C	D
坦率的	热情的	稳重的	善于分析的
爱冒险的	富有表现力的	平易近人的	控制欲强的
气盛的	有影响力的	稳定的	追求完美的
敏锐的	情绪化的	助人的	有计划的
果断的	有创造力的	忠诚的	保守的
勇于承担责任的	随性的	有条理的	受人尊敬的
认真的	可信赖的	有团队精神的	细致的
权威的	外向的	冷静的	自律的
直接的	无私的	一丝不苟的	圆滑的
好奇的	自信的	可靠的	一丝不苟的
好胜的	友好的	镇定的	敏感的
自立的	鼓舞人心的	有占有欲的	精确的

第三部分:确定工作中的行为与人格

① 你在第一部分中,每个字母分别选了多少次?
A. _____次
B. _____次
C. _____次

D. _____ 次

② 同一个字母你是否选择了 4 次及以上？　|是|　|否|

③ 在第一部分哪个字母你选择了最多次？　|A|　|B|　|C|　|D|

④ 在第二部分的每一列中,你各圈出多少个特征？

A. _____ 个

B. _____ 个

C. _____ 个

D. _____ 个

⑤ 哪一列你圈出了最多的特征？　|A|　|B|　|C|　|D|

⑥ 在第 3 题和第 5 题中,你选择的字母是否相同？　|是|　|否|

⑦ 现在请跳转到第四部分,并且查看每个字母代表的含义。

第四部分：人格特征类型的描述

指导语：这是用一种快速且简单的分析你偏爱的工作行为风格的方法,答案并没有对错之分。请记住,你可能会发现自己是某两种风格的结合,现在请你选择一个最能代表你工作风格的字母。

A. 主导的及决定性的 此类型的人往往具有以下特点：	B. 有趣的及有影响力的 此类型的人往往具有以下特点：
• 喜欢掌控工作环境 • 果断且善于解决问题 • 专注于达成目标 • 擅长做决定 • 工作效率高 • 喜欢有挑战性的工作 • 喜欢掌控自己的生活 • 乐于承担领导团队的责任 • 知道自己喜欢什么 • 有实现目标的动力	• 具有一定的影响力 • 是很好的沟通者 • 喜欢在工作中与他人建立联系 • 很有风度且喜欢与他人工作 • 当工作做得好时,会因为得到认可而快速成长 • 在创造性的工作环境中以及对工作感到兴奋时,工作得更好 • 在高灵活度的环境中工作得更好 • 善于向他人敞开心扉 • 善于谈论自己的想法及感受

(续表)

A. 主导的及决定性的	B. 有趣的及有影响力的
以下提示可以帮助这类人更好地与团队中的其他人相处： • 解释你做出的决定 • 经常检查自己的工作 • 工作更加严谨 • 友好地对待所有人 • 敞开心扉 • 节奏放慢一点 与此类型较为匹配的职业： • 这类人通常在领导岗位或独立岗位上最快乐，比如经理、店主、企业家、学校校长、学校行政人员、承包商、办公室经理、公共演说家、表演者、艺术家，以及其他担任领导职位的相关职业。	以下提示可以帮助这类人更好地与团队中的其他人相处： • 学会安静一点工作，有时候你可能会有点吵闹 • 多关注细节，做到精确 • 学会给出更加精简的回答 • 做一个倾听者 • 变得更加有条理 • 鼓励自己独立工作 与此类型较为匹配的职业： • 符合这一特征的人通常最喜欢从事与人打交道的工作，比如销售员、市场营销员、教师、顾问、教练、家庭保健师、儿童护理师等。

C. 稳健的及稳定的	D. 自信的及正确的
此类型的人往往具有以下特点： • 喜欢过程明确的任务 • 坚定且有耐心 • 有始有终 • 擅长需要专业化技能的工作 • 会与对他们很重要的人保持联系 • 在仔细考虑后才做出决定 • 接受变化的速度往往较慢 • 通常不喜欢冲突也不喜欢帮助他人工作 • 是很好的倾听者，也能维持友谊 以下提示可以帮助这类人更好地与团队中的其他人相处： • 多问问题 • 尝试自己做出决定 • 更快地进行决定 • 不要害怕与他人意见相左 • 尝试新鲜事物 • 偶尔尝试打破陈规的工作 与此类型较为匹配的职业： • 符合这一特征的人通常最喜欢的是专业性较强或有特定技能要求的工作，比如文字处理员、计算机程序员、业务经理、机械师、装配线工人、修理工、兽医、药剂师、实验室技术员、化学家、科学家，以及需要专门培训的相关职业。	此类型的人往往具有以下特点： • 有责任感 • 在质量控制岗位上表现出色 • 对工作要求高 • 细心的、遵守规矩的 • 喜欢系统地解决问题 • 总是力求精确 • 做事准确，准备充分 • 喜欢把事情搞清楚 • 在做决定之前，会考虑所有选择 • 与有组织的、以他们的工作为荣的团队成员合作得最好 以下提示可以帮助这类人更好地与团队中的其他人相处： • 学会表达自己的感受 • 回答队友的问题 • 向他人表达自己的期望 • 如果事情并不完美，学会放松 • 倾听他人的感受与观点 与此类型较为匹配的职业： • 符合这一特征的人通常最喜欢的是必须遵守具体的规定或程序的工作，比如外科医生、麻醉师、会计师、执法官员、犯罪调查人员、编辑、校对文员、质量控制经理、工程师、建筑检查员、消防员、建筑工人，以及需要系统方法的相关职业。

参考资料：

Wiredcesa5. pbworks. com（2020）.［online］Available at：<http：//wiredcesa5. pbworks. com/f/Student + Profile + Worksheet. doc >［Accessed 8 October 2020］.

第17章

杰克逊职业探索工具

魏仕龙*

1. 简介

杰克逊职业兴趣量表(Jackson Vocational Interest Survey, JVIS)是由道格拉斯·杰克逊(Douglas Jackson)于1969年开发的教育和职业规划工具。旨在帮助高中生、大学生和希望换工作的成人进行教育与职业规划。JVIS共包含34个测量维度,其中包括26种工作角色和8种工作风格,总计578道题。

杰克逊职业探索工具(Jackson Career Explorer, JCE)是JVIS的简化版本。它在维持原有测量维度(即26种工作角色和8种工作风格)的同时仍保持较高的信度和效度。其中,"工作角色"指的是个体在职业中的具体工作内容,如工程、法律、幼教等。工作角色量表类似于其他兴趣测验的基本兴趣量表和职业人格量表。"工作风格"指的并不是与工作直接有关的活动,而是一种工作情境,在这个情境中我们可以预期某些行为的产生。工作风格包括三种:易产生计划的、独立的、独断领导的。工作风格量表类似于斯特朗—坎贝尔职业兴趣量表(Strong-Campbell Interest Inventory, SCII)。"工作角色"与"工作风格"两个维度均根据职业心理学、职业兴趣项目的合理分类以及因素分析相关研究来选择。维度的定义以及有关的工作描述参考美国标准职业分类系统得出,所有的题项都根据工作角色及工作风格的详细说明来编制。

与JVIS相比,JCE的特点主要体现在:第一,JCE提取了相关系数最大的5个题项,使得题项总数由578个减少至170个;第二,JCE将JVIS中的强制配对选择更改为反映被试参与意愿程度的李克特五点量表,从而使得评估人员能够进行多元统计分析。另外,这一改动能够有效地降低强制配对带来的被试可能不想在活动之间做出选择或者倾向于同时选择两个活动等"尴尬处境"。

---

* 魏仕龙,中国人民大学劳动人事学院博士研究生。

2. 使用方法和步骤

JCE 的测评报告主要包括四部分内容，分别是基本兴趣(Basic Interests)、职业人格得分(Work Personality Scores)、教育计划(Educational Groups)、工作计划(Job Groups)。其中，基本兴趣由量表直接测出，且为其他三部分的基础。在 JCE 或 JVIS 任一量表上得分高，表示被试对该职业领域的人所从事的各类活动感兴趣，并倾向于表现出在该工作环境中的一般人会做出的举动或行为，即基本兴趣。

JCE 或 JVIS 也可以帮助被试了解其职业人格得分，这些分数经由基本兴趣量表进行因素分析而得出。参考霍兰德六边形模型，得到以下 10 种职业人格类型：表达的、逻辑的、研究的、实务的、独断的、社会的、助人的、传统的、管理的、启迪他人的。

此外，JCE 与 JVIS 还建立了与斯特朗职业兴趣量表(Strong Vocational Interest Blank，SVIB)的联系，使我们在解释被试的人格得分时能充分利用斯特朗职业兴趣量表所拥有的雄厚的职业团体资料库，并根据基本兴趣、职业人格得分为被试推荐匹配的专业或工作领域。

3. 工具内容

参见官方网站介绍。

参考资料：

Jackson, D. N. (1977). *Jackson Vocational Interest Survey: Manual.* Port Huron: Research Psychologist Press.

Jacksoncareer. com (2020). [online] Jackson career: Explore your future. Available at: <http://www.jacksoncareer.com/default.aspx>[Accessed 19 March 2022].

Schermer, J. A. & Macdougall, R. (2011). The Jackson career explorer in relation to the career directions inventory. *Journal of Career Assessment*, 19(4), 442-451.

第18章

库德职业规划系统

魏仕龙[*]

1. 简介

库德(Kuder)公司传承于全球职业指导领域的先驱弗雷德里克·库德(Frederic Kuder)博士,是全球领先的职业规划与指导解决方案提供商。库德职业规划系统(Kuder Career Planning System,KCPS)是一款全面的职业规划工具,能够帮助不同人群(学生、在职成人、职场初入者、职业中期过渡者)找到职业方向并规划职业生涯。KCPS包含三大模块,分别是适用于学前班儿童、小学生的Kuder Galaxy,适用于中学生的Kuder Navigator,以及适用于中专学历与成人的Kuder Journey。使用者可登录Kuder官方网站(https://www.kuder.com/)付费使用各项服务。

Kuder Galaxy是一款职业意识测量工具,面向学前班儿童和小学生,通过一系列引人入胜的游戏、活动和体验点燃他们的学习热情,让他们的学习世界充满乐趣。Kuder Galaxy以视频、游戏、活动等方式,帮助孩子们发现自己的兴趣,探索工作环境,了解不同的学科与职业能力之间的关系。Kuder Galaxy以霍兰德六边形模型为基础,帮助孩子们探索120种职业,全面了解职业领域中的各个重要概念,挖掘自己的兴趣和潜质,为中学阶段的进一步职业探索奠定坚实的基础。

Kuder Navigator是一款一体化的在线教育和职业规划系统,可帮助中学生进行具象化的未来展望,并帮助他们制订计划、实现目标。中学生应以科学的测评结果作为探索的起点,在学校、家长等外部因素的推动下,依据真实有效的职业信息、就业市场、大数据等不断进行职业探索,逐渐形成并完善自我认知,进而找出适合自己发展的职业方向并设定与之匹配的教育计划。Kuder Navigator相关的测评工具有:库德职业兴趣测评-李克特计分版(Kuder Career Interests Assessment-Likert,KCIA-L)、库德技能自信度测评-2012年版(Kuder Skills Confi-

---

[*] 魏仕龙,中国人民大学劳动人事学院博士研究生。

dence Assessment-2012，KSCA-2012)、舒伯工作价值观测评—修订版(Super's Work Values Inventory-revised，SWVI-r)。其中，KCIA-L的目的是确定使用者在霍兰德六个兴趣领域中对每个领域相对感兴趣的水平；KSCA-2012的目的是确定使用者在霍兰德六个兴趣领域中每个领域的相对自我效能感；SWVI-r的目的是确定使用者12种工作价值观的相对重要性，从而确定哪些工作价值观在职业选择和发展中最重要。根据测评结果，使用者可以深度探索与测评结果匹配的职业，全方位了解行业现状、工作任务、工作环境、技能要求、薪水情况、匹配专业、职业发展前景等。系统会自动显示匹配的专业，并提供完整的大学介绍、专业、申请要求、奖学金等全方位的信息，以帮助使用者针对职业目标制订教育计划。

Kuder Journey是一款针对中专生与成人的职业生涯规划系统，其主要目的是帮助使用者完成职业生涯的过渡。无论你是大专生、初次求职者、退伍军人、残障人士、退休老人还是想要更换工作的人，Kuder Journey都能帮助你确定自己的需求、优势与劣势，并获取与当前生活阶段相关的信息。基于库德职业兴趣测评、库德技能自信度测评以及舒伯工作价值观测评，Kuder Journey可以帮助使用者发现并了解个人兴趣、技能与工作价值观。此外，该系统能够帮助用户创建电子简历、求职信并形成专属电子档案(E-profile)，同时提供在线面试、考试、专业技能学习等服务。

2. 使用方法和步骤

参见库德官方网站(https://www.kuder.com/)的相关介绍。

3. 测评内容

参见库德官方网站(https://www.kuder.com/)的相关介绍。

参考资料：

Kuder.com (2020). [online] Kuder | Career Assessment, Education Planning, And Guidance Resources. Available at: <https://www.kuder.com/> [Accessed 20 March 2022].

第二篇

职业决策和规划

第1章

职业决策自我效能量表

王心茹[*]

1. 简介

职业决策自我效能量表（Career Decision Self-efficacy Scale，CDSS）测量个体对成功完成重大职业决策及相关任务的信念。该量表由五个分量表组成，分别测量约翰·O. 克赖茨（John O. Crites）提出的职业成熟度理论中的五种职业决策能力。研究表明该量表能够较好地预测教育和职业决策的结果。

本章介绍的量表是彭永新和龙立荣（2001）编制修订的、适用于中职生的职业决策自我效能量表。本量表包括自我评价（1—6题）、收集信息（7—15题）、选择目标（16—24题）、制订规划（25—32题）、问题解决（33—39题）五个维度，得分越高表示职业决策自我效能越强。

2. 信度与效度

职业决策自我效能量表信度与效度良好，信度为 0.8—0.92。

3. 量表内容

职业决策自我效能量表如表 2-1-1 所示。

指导语：每个题项的评价等级为 1—5，1 表示"完全没信心"……5 表示"完全有信心"。在阅读每一个题项后，依据自身在学习、人际交往、生活等方面的情况，在右边恰当的数字上划"√"。注意，作答问卷时不要过多地思考，也无须与别人讨论。

---

[*] 王心茹，中国人民大学劳动人事学院硕士研究生。

表 2-1-1　职业决策自我效能量表

序号	题项	完全没信心	有一点信心	有一些信心	比较有信心	完全有信心
1	列出几个你感兴趣的职业或工作	1	2	3	4	5
2	查找你感兴趣的职业或工作的信息	1	2	3	4	5
3	选择一个适合你个人的职业或工作	1	2	3	4	5
4	为你的职业或工作目标制订下一个短期或长期计划	1	2	3	4	5
5	即使灰心丧气,你也会坚持职业目标	1	2	3	4	5
6	确定你理想的职业或工作	1	2	3	4	5
7	查找经常聘用你所在学校毕业生的用人单位信息	1	2	3	4	5
8	从你正在考虑的职业或工作中挑选一个职业或工作	1	2	3	4	5
9	确定你需要采取的行动步骤,以便成功地获得你已选择的职业或工作	1	2	3	4	5
10	判断一种职业或工作中你认为最有价值的东西	1	2	3	4	5
11	了解某一职业或工作的发展前景	1	2	3	4	5
12	选择一个适合你生活方式的职业或工作	1	2	3	4	5
13	做出职业决策,而不会担心是对还是错	1	2	3	4	5
14	获取老师或辅导员的求职推荐信	1	2	3	4	5
15	解决找工作过程中遇到的经济困难	1	2	3	4	5
16	确定你最能胜任的职业或工作	1	2	3	4	5
17	找老师询问与你所学专业有关的职业或工作情况	1	2	3	4	5
18	选择与你父母不同的职业或工作	1	2	3	4	5
19	获得与你未来职业或工作目标有关的工作经验	1	2	3	4	5
20	当你的父母或朋友要你从事你无法胜任的职业或工作时,你会拒绝他们	1	2	3	4	5
21	描述你想要从事职业的工作事务	1	2	3	4	5
22	找到并利用人才交流中心,参加人才交流会	1	2	3	4	5
23	解决与伴侣在求职时的各种冲突	1	2	3	4	5
24	列出为了实现你的职业目标,你愿意或不愿意失去的东西	1	2	3	4	5
25	查明目前或未来某种职业或工作的发展趋势	1	2	3	4	5
26	选择一个适合你兴趣的职业或工作	1	2	3	4	5
27	为了你的职业目标,决定你是否升学或参加职业培训	1	2	3	4	5
28	查明某一职业或工作的人均月收入或年收入	1	2	3	4	5

(续表)

序号	题项	完全没信心	有一点信心	有一些信心	比较有信心	完全有信心
29	选择一个与你能力匹配的职业或工作	1	2	3	4	5
30	学习专业以外的、有助于你职业发展的技能	1	2	3	4	5
31	准确地评价你的能力	1	2	3	4	5
32	在你感兴趣的职业或工作中,找一个已参加工作的人交谈	1	2	3	4	5
33	挑选一个最好的职业或工作,即使要付出更大的努力	1	2	3	4	5
34	利用各种社会关系,获得职业或工作信息	1	2	3	4	5
35	查阅国家就业政策和法规,保护自己的正当权益	1	2	3	4	5
36	查找研究生招生信息	1	2	3	4	5
37	选择你想要从事的职业或工作,即使它未来的发展前景不太好	1	2	3	4	5
38	成功通过求职面试	1	2	3	4	5
39	当就业市场不景气时,你能想到暂时的应对措施	1	2	3	4	5

参考资料:

Lent, R. W., Ezeofor, I., Morrison, M. A., Penn, L. T. & Ireland, G. W. (2016). Applying the social cognitive model of career self-management to career exploration and decision-making. *Journal of Vocational Behavior*, 93, 47-57.

Mindgarden. com (2020). [online] Available at : <https://www.mindgarden.com/79-career-decision-self-efficacy-scale#horizontalTab1> [Accessed 8 October 2020].

彭永新、龙立荣(2001). 大学生职业决策自我效能测评的研究. 应用心理学, (2), 38-43.

第2章

决策空间工作表

潘 真[*]

1. 简介

决策空间工作表(Decision Space Worksheet,DSW)由佛罗里达州立大学加里·W. 彼得森(Gary W. Peterson)等人开发。DSW 是在职业咨询起始阶段使用的问题映射(Mapping)练习,以帮助受访者了解职业决策过程涉及的社会和情感背景(Peterson et al.,2009)。DSW 基于职业生涯理论中的认知信息加工(Cognitive Information Processing,CIP)理论,具有浓厚的认知心理学色彩。"认知映射"(Cognitive Mapping)一词由 Tolman(1948)创造,它是一个方法论工具,提供了个体在某一特定阶段的全面心理表征(Chaney,2010)。认知映射除了可以分析个体思维内容,还可以识别个体思维的组织方式(Chaney,2010;Fletcher & Huff,1990)。

在 CIP 理论中,DSW 应用在 CASVE[①] 循环的第一个阶段,即沟通阶段(Peterson et al.,2002)。DSW 会给受访者提供一种明确的刺激,消除其模棱两可的反应。DSW 要求受访者感知并解释任务要求,以对潜在反应进行调整并判断其相关性,从长期记忆结构中制定和选择反应及应对措施,并向他人解释自己的反应。DSW 问题映射练习可以帮助个体打造自己的职业问题空间,这个空间由工作记忆中所有职业问题的相关因素组成(Peterson,1998;Peterson et al.,2009)。工作记忆包括短期记忆和长期记忆,并包含职业决策过程有关问题的构念(Mayer,1983)。

DSW 首先要求个体列出所有与职业问题有关的想法、感觉、环境、人物或事件。当个体把所有与职业问题相关的因素编成一份清单时,就意味着"他们从长期记忆中提取相互关联的信息,将其置于工作记忆中"(Peterson et al.,2009)。

---

[*] 潘真,中国人民大学劳动人事学院博士研究生。
[①] CASVE 是研究者基于 CIP 理论提出的职业决策过程模型,即沟通(Communication)、分析(Analysis)、综合(Synthesis)、评估(Valuing)、执行(Execution)。

然后，受访者要将职业问题概念化并转化为空间表征，其中每个因素的相对重要性由其所占的空间大小表征。两项任务使受访者对信息进行双重编码，两个认知系统得以相连（Pavio，1986；Peterson et al.，2009）。第一项任务要求个体给想法、感觉和环境等贴上标签，这涉及语言系统；第二项任务要求个体构建一个空间表征，这涉及非语言系统。DSW 是一种强大的评估工具，可以映射出受访者的职业问题，为其提供有关职业决策的社会和情感信息。

2. 使用方法和步骤

DSW 的使用一般遵循以下五个步骤：

第一步，问题澄清。职业咨询师指导受访者写下他们正在考虑的职业问题，字数控制在两行以内。

第二步，引导。引导受访者列出第一步写下的所有职业问题的相关因素——受访者思考所有影响他们决策的想法、感觉、环境、人物或事件，职业咨询师鼓励受访者在记录相关因素时发出声音。

第三步，构建。首先，受访者画出大圆圈内的小圆圈，每个小圆圈的大小代表各因素的重要性；然后，受访者给每个小圆圈编号，使它们与第二步列出的因素一一对应。

第四步，阐述。职业咨询师检查以下内容以确定受访者提出的问题的复杂性：所列每个因素的影响程度、各因素之间的相互影响、各因素之间的关系、各因素与其他测评的关系以及应进一步审查的因素。

第五步，制定个性化学习计划（Individualized Learning Plan，ILP）。使用问题映射任务（前三步）和阐述任务（第四步）中得到的信息开发 ILP。在实践中，建议整合其他测评中的信息进行 ILP 的开发。

3. 工具内容

姓名：_____　　日期：_____

你的职业问题：_____

_____

请列出所有与你的职业问题有关的想法、感觉、环境、人物或事件。

1. _____

2. _____

3. _____

4. _____
5. _____
6. _____
7. _____
8. _____
9. _____
10. _____

指导语：
- 下面的大圆圈代表你的整个决策空间。
- 在大圆圈内，画出不同的小圆圈代表所有的因素，小圆圈的大小代表各因素的相对重要性。

参考资料：

Chaney, D. (2010). Analyzing mental representations: The contribution of cognitive maps. *Recherche Et Applications En Marketing*, 25, 93-115.

Fletcher, K. E. & Huff, A. S. (1990). Strategic argument mapping. *Mapping strategic thought*, 355-367.

Mayer, R. E. (1983). *Thinking, problem solving, cognition*. New York: W. H. Freeman.

Pavio, A. (1986). *Mental representations: A dual coding approach*. New York: Oxford University Press.

Peterson, G. W., Leasure, K., Carr, D. & Lenz, J. G. (2009). The decision space worksheet: An assessment of context in career decision making. *Career Planning and Adult Development*, 24, 87-96.

Peterson, G. W., Sampson, J. P., Jr., Reardon, R. C. & Lenz, J. G. (2002). Becoming career problem solvers and decision makers: A cognitive information processing approach. In D. Brown (Ed.), *Career choice and development* (4th ed., pp. 312-369). San Francisco, CA: Jossey-Bass.

Peterson, G. W. (1998). Using a vocational card sort as an assessment of occupational knowledge. *Journal of Career Assessment*, 6, 49-67.

Tolman, E. (1948). Cognitive maps in rats and men. *Psychological Review*, 55, 189-208.

第3章

职业决策状态测验

潘 真[*]

1. 简介

职业决策状态测验(Career Decision State Survey, CDSS)由佛罗里达州立大学加里·W. 彼得森(Gary W. Peterson)教授等人开发,是一种有效评估个体解决职业问题和决策能力的工具。在概念层面上,职业决策状态是当下个体涉及职业目标或职业抱负的主观状态,并由认知和情感两部分组成。这种存在状态引发了一系列的问题,比如"我是谁?"(身份)、"我的目标是什么?"(方向)、"我对自身的目标有什么感觉?"(满意、困惑),以及"我将做出正确的选择并达到目标吗?"(自信、自我效能)。

当个体进入职业中心寻求职业咨询或即将开始专业学习计划时,他便处于一种被称为职业决策状态的主观状态。而 CDSS 可以帮助个体判断是否已经准备好做出重要的决策或是开始专业学习。

CDSS 测量三个构念,分别是职业确定性、职业选择满意度和职业清晰度,它们共同评估职业决策或专业学习的准备程度。测验共包括三个问题。第一个问题是 Slaney(1980)修改的职业替代问题(Zener & Schnuelle, 1972),用于衡量个体职业目标的确定性。第二个问题源自 Holland et al.(1975)修改的职业满意度量表(Zener & Schnuelle, 1972)。第三个问题测量职业清晰度,题项源于《我的职业状况》(*My Vocational Situation*)一书(Holland et al., 1980)。

2. 使用方法和步骤

CDSS 由三个维度组成。职业确定性(问题1)的得分为 1—4 分,1 分表示"只有首选项,没有备选项",2 分表示"有首选项,有备选项",3 分表示"只有备选项",4 分表示"没有选项"。职业选择满意度(问题2)的得分从 1 分(很满意)

---

[*] 潘真,中国人民大学劳动人事学院博士研究生。

到6分(对自己未来的职业方向犹豫不决)。职业清晰度(问题3)的得分为:对=1分,错=0分。

三个维度得分越低说明个体具有越高的职业准备状态,并越关注自身的职业目标,对自己的选择越满意。而三个维度得分越高则说明个体的职业生涯目标越不确定,对目标状态越不满意,并且对职业选择的自信心越弱。在这种情况下,需要进一步的评估,如用生涯思维清单(Career Thoughts Inventory)(Sampson et al., 1996)来衡量职业决策能力,或决策空间工作表(Decision Space Worksheet)(Peterson et al., 2010)来评估个体决策环境的复杂性。

3. 工具内容

姓名:_____　　　日期:_____

问题1. 你现在正在考虑哪些职业?

_____
_____
_____
_____
_____

哪个职业是你的首选项?如果还未决定,就写"未决定"。

_____

问题2. 你对首选项职业有多满意?请在下面相应的陈述旁打√。

_____很满意
_____较满意但有一些疑虑
_____不确定
_____不满意但试图坚持
_____非常不满意且试图改变
_____对自己未来的职业方向犹豫不决

问题3. 你认为下面的陈述哪些是对的,哪些是错的?

① 如果现在要求我必须做出一个职业选择,那么我可能会做出一个糟糕的选择。
② 对我而言,下定决心从事某个职业是一个漫长而困难的过程。
③ 我对所有有关职业决策的问题都感到困惑。

参考资料：

Holland, J., Gottfredson, G. & Nafziger, D. (1975). Testing the validity of some theoretical signs of vocational decision making ability. *Journal of Counseling Psychology*, 22, 411-422.

Holland, J. L., Gottfredson, D. & Power, P. (1980). Some diagnostic scales for research in decision-making and personality: Identity, information, and barriers. *Journal of Personality and Social Psychology*, 39, 1191-1200.

Peterson, G. W., Leasure, K. K., Carr, D. L. & Lenz, J. G. (2010). The Decision Space Worksheet: An assessment of context in career decision making. *Career Planning and Adult Development Journal*, 25, 87-100.

Sampson, J., Peterson, G., Lenz, J., Reardon, R. & Saunders, D. (1996). *Career Thoughts Inventory (CTI)*. [Psychological Test] Odessa, FL: Psychological Assessment Resources.

Slaney, R. B. (1980). Expressed vocational choice and vocational indecision. *Journal of Counseling Psychology*, 27, 122-129.

Zener, T. B. & Schnuelle, L. (1972). An evaluation of the Self-Directed Search (Research Rep. 124). Baltimore: Johns Hopkins University, Center for Social Organization of Schools. (ERIC Document Reproduction Services No. ED 061 458).

第4章

生涯思维清单

张思绮[*]

1. 简介

生涯思维清单(Career Thoughts Inventory,CTI)是基于认知信息加工理论的一种评估测试,旨在帮助高中毕业生、大学生和部分成年人做出质量更高的职业决策。CTI 是有关职业问题和决策中障碍性思维的一种自我管理清单,采用客观评分的方法。

CTI 会得出一个总分(关于职业问题和决策中障碍性思维的综合指标),以及三个构念(决策困惑、承诺焦虑和外部冲突)量表的分数。

作为一种学习资源,CTI 手册包括基本信息和练习表,旨在帮助使用者识别自身生涯思维认知偏差的数量和性质,挑战并改变不当想法,同时采取具体的行动,做出高质量的职业决策。

该清单适合以下三类人群使用:
① 可能正在选择职业或找工作的高中毕业生;
② 可能正在选择主要研究领域、选择职业或正在找工作的大学生;
③ 正在考虑改变职业,或出于特殊考虑需要重新进入劳动力市场的成年人。

2. 使用方法和步骤

该清单包括 48 个题项,使用者需要对每个条目进行评分,范围为 1—4 分。1 分表示"非常不符合"……4 分表示"非常符合"。

---

[*] 张思绮,中国人民大学劳动人事学院硕士研究生。

3. 工具内容

生涯思维清单如表 2-4-1 所示。

表 2-4-1　生涯思维清单

序号	题项	评分
1	没有一个学习/职业领域能引起我的兴趣	
2	几乎所有职业信息都有对(其描述的)职位进行美化的倾向	
3	我对自己选择了一个无法进入的学习/职业领域感到沮丧	
4	我从未足够深入地了解自己,所以难以做出职业选择	
5	我想不出任何适合我的学习/职业领域	
6	我生活中重要人物的看法会干预我选择学习/职业领域	
7	我知道自己想做什么,但我无法制订一个达到目的的计划	
8	当我必须做出一个决策时,我感到很焦虑,甚至无法思考	
9	无论何时我对某事物感兴趣,我生活中重要人物都不会支持我	
10	鲜有工作是有意义的	
11	选择某个学习/职业领域的过程让我感到沮丧,我现在只想遗忘这件事	
12	我不清楚为什么我无法找到一个能让自己感兴趣的学习/职业领域	
13	我从未找到一个自己真正喜欢的学习/职业领域	
14	我总是从生活中的重要人物那里得到关于职业选择的信息	
15	当我考虑的学习/职业领域有一定的专业要求时,我会认为自己无法达到这些要求	
16	我之前已经多次尝试去找到一个好的职业,但仍未能做出最终的决策	
17	我的兴趣一直在改变	
18	因为工作内容总是不断地变化,所以对工作了解太多没什么意义	
19	如果我改变学习/职业领域,那么我会觉得自己是个失败者	
20	选择一个职业是很复杂的,我还没着手准备	
21	我担心我做职业选择的时候会忽略某些职业	
22	有一些学习/职业领域很适合我,但我无法确定哪个是最好的	
23	我知道我想要什么工作,但总有人阻碍我前进	
24	像咨询师或老师这样的人更适合帮助我解决职业问题	
25	即使做了职业测试,我仍不知道自己喜欢的学习/职业领域是什么	
26	我对职业的看法经常改变	
27	我对自己从未坚定选择一个学习/职业领域感到很沮丧	
28	我越是尝试了解自己和职业,越是感到困惑和气馁	
29	有这么多的职业需要去了解,我无法缩小职业清单的范围	
30	我可以缩小自己的职业选择范围,但我似乎无法只选择一个职业	

(续表)

序号	题项	评分
31	确定一个职业是很难的,但做出选择后采取行动更难	
32	除非我能找到一个完美的职业,否则我不会满足	
33	当别人问起我想做什么来维持生活时,我觉得很烦	
34	我不清楚如何在自己的领域中寻找关于工作的信息	
35	我对能否选择一个合适的学习/职业领域感到很担心	
36	我对职业没有足够了解,难以做出职业选择	
37	我的年龄限制了我的职业选择	
38	只选定一个学习/职业领域是最难的事情	
39	我能在自己选择的领域中找到一份好工作全凭运气	
40	做出职业选择是很复杂的一件事,在这个过程中我不确定自己可以做到哪步	
41	我必须超越我父母或兄弟姐妹的成就	
42	我对工作的全貌知之甚少	
43	我很不好意思让别人知道我还未选择学习/职业领域	
44	选择一个职业很复杂,我无法做出好的选择	
45	我喜欢很多种职业,但我无法通过排序确定我最喜欢的职业	
46	我选择的学习/职业领域必须使我生活中的重要人物满意	
47	我害怕尝试自己选择的职业后会失败	
48	我无法相信自己的职业决定会带来好的结果	

参考资料:

IResearchNet(2020). [online] Available at:<http://career.iresearchnet.com/career-assessment/career-thoughts-inventory.cti/c>[Accessed 8 Octorber 2020].

Sampson, J. P., Peterson, G. W. &Lenz, J. G. (2019). [online] Available at:<https://www.parinc.com/Products/Pkey/73>[Accessed 8 Octorber 2020].

Peterson, G. W., Sampson, J. P. Jr., Lenz, J. G. & Reardon, R. C. (2002). A cognitive information processing approach to career problem solving and decision making. pp. 312-369 in *Career Choice and Development*, 4th ed., edited by D. Brown. San Francisco, CA: Jossey-Bass.

Sampson, J. P. Jr., Peterson, G. W., Lenz, J. G., Reardon, R. C. & Saunders, D. E. (1996). *Career Thoughts Inventory*. Odessa, FL: Psychological Assessment Resources.

第5章

CASVE 循环

潘 真[*]

1. 简介

认知信息加工理论用于帮助个体识别自身的职业问题,然后采取适当的步骤来缩小个体目前状况和未来期望之间的差距(Sampson et al.,1989)。CASVE循环就是基于认知信息加工理论的决策步骤,旨在帮助个体解决职业生涯规划问题,共包含以下五个阶段:沟通(Communication)、分析(Analysis)、综合(Synthesis)、评估(Valuing)、执行(Execution)。通过 CASVE 循环,个体能发现自身的职业问题,进一步了解自我并分析各种可能的职业选择,缩小或者扩大职业选择范围,评估潜在的职业选择,最后做出选择并执行,五个阶段循环往复直至个体有效解决自身的职业规划问题(Sampson et al.,1992)。

具体而言,沟通是个体通过确定目前状况和未来期望之间的差距,进一步发现自身职业问题的阶段。沟通阶段通常需要解决三个主要问题,包括识别需要获取的知识、确定必要的帮助、识别与职业决策相关的认知失调(Sampson et al.,1989)。

分析是个体获取关于自己潜力、各种职业的知识,并将其与现有知识联系起来的阶段(Peterson et al.,2002)。

综合是个体结合自身的知识经验并缩小当前的职业选择范围的阶段(Peterson et al.,2002)。

在评估阶段,个体将彻底考虑缩小后的职业选择范围,主要对涉及自身认为的重要因素进行评估,如伴侣、家庭、朋友等(Peterson et al.,2002)。CASVE循环的评估阶段侧重于整合个体的职业和个人价值观,以及职业和家庭之间的关系。

执行是个体制订计划并付诸行动以解决职业问题,缩小目前状况和未来期望之间差距的阶段(Peterson et al.,2002)。在执行阶段,个体会更加关注自身

---

[*] 潘真,中国人民大学劳动人事学院博士研究生。

的现实约束(Sampson et al., 1989)。

若个体经历五步循环之后,自身的职业问题仍没有得到有效解决,或者先前的职业选择导致新的问题,那么个体将会回到最初的沟通阶段并开始新一轮的CASVE 循环(Peterson et al., 2002)。

2. 使用方法和步骤

个体通过沟通—分析—综合—评估—执行这五个阶段,发现自身职业问题,调整职业选择范围,做出职业选择。

3. 工具内容

目前,CASVE 循环并没有官方的量表,CASVE 循环主要作为一种职业决策模型为职业咨询提供帮助,职业咨询师可以借助 CASVE 模型,帮助受访者进一步认识自己,缩小理想与现实之间的差距,实现更满意的职业生涯。

参考资料:

Peterson, G. W., Sampson Jr., J. P., Lenz, J. G. & Reardon, R. C. (2002). A cognitive information processing theory to career problem solving and decision making. In D. Brown (Ed.), *Career choice and development* (pp. 312-369).

Sampson, J. P., Jr., Peterson, G. W., Lenz, J. G. & Reardon, R. C. (1992). A cognitive theory to career services: Translating concepts into practice. *Career Development Quarterly*, 41, 67-74.

Sampson, J. P., Peterson, G. W. & Reardon, R. C. (1989). Counselor intervention strategies for computer-assisted career guidance: An information-processing theory. *Journal of Career Development*, 16(2), 139-154.

第6章

生涯未决侧写

张思绮[*]

1. 简介

在面对纷繁复杂的职业机会时,人们做出决定前经常要思考很多问题,比如是否值得放弃现有工作去融入新的工作环境、新工作能否带来更好的职业发展等。个体的职业决策过程是职业心理学领域学者关注的重要方面,主要探究个体内在的情绪状态和自身特征等因素,以及来自环境的外在阻碍和人际冲突等因素。生涯未决理论回答了为什么有人不确定其教育和职业未来而有人却有信心做出选择的问题。

生涯未决侧写(Career Indecision Profile)量表用于测量个体在生涯决策过程中做出决定的困难程度,是研究和咨询实践中简洁、有效的测量工具。

2. 信度与效度

生涯未决侧写各分量表内部一致性系数为0.88—0.96,量表间相关系数为0.23—0.52。验证性因子分析结果表明,生涯未决侧写四因子模型与数据的拟合度良好。

3. 量表内容

生涯未决侧写量表如表2-6-1所示。请你根据自己的实际感受和体会,对以下题项的描述进行评价和判断,并在最符合的数字上打√。1表示"非常不符合"……6表示"非常符合"。

---

[*] 张思绮,中国人民大学劳动人事学院博士研究生。

表 2-6-1　生涯未决侧写量表

序号	题项	评分
1	经常感到害怕和焦虑	1 2 3 4 5 6
2	当事情出错后很难忘怀	1 2 3 4 5 6
3	经常没有安全感	1 2 3 4 5 6
4	遭遇挫折后需要很长时间才能恢复状态	1 2 3 4 5 6
5	经常觉得不堪重负	1 2 3 4 5 6
6	经常因压力感到难受	1 2 3 4 5 6
7	比其他人更难以应对挫折	1 2 3 4 5 6
8	经常感到羞愧	1 2 3 4 5 6
9	爱发愁	1 2 3 4 5 6
10	如果没有朋友支持,就会没有信心做决策	1 2 3 4 5 6
11	经常感到非常悲伤以致无法继续坚持	1 2 3 4 5 6
12	总是关注决策中可能会出错的事情	1 2 3 4 5 6
13	担忧别人如何看待自己	1 2 3 4 5 6
14	容易感到尴尬	1 2 3 4 5 6
15	经常想哭	1 2 3 4 5 6
16	经常感到疲惫、身心耗竭	1 2 3 4 5 6
17	做决定时需要他人的鼓励	1 2 3 4 5 6
18	做决定后会思考其他选择	1 2 3 4 5 6
19	没有他人帮助就很难做出决定	1 2 3 4 5 6
20	希望问题可以凭空消失	1 2 3 4 5 6
21	睡得很多或很少	1 2 3 4 5 6
22	了解职业方面的信息	1 2 3 4 5 6
23	很难缩小选择范围	1 2 3 4 5 6
24	做决定时会感到紧张	1 2 3 4 5 6
25	没有充足的职业信息	1 2 3 4 5 6
26	无法做出承诺,也不知道是否存在其他选择	1 2 3 4 5 6
27	因对职业不够了解而感到困惑	1 2 3 4 5 6
28	需要更多信息以做出正确选择	1 2 3 4 5 6
29	做决定时会感到气馁	1 2 3 4 5 6
30	需要更多地了解自己	1 2 3 4 5 6
31	需要学习如何做决定	1 2 3 4 5 6
32	需要更了解自己想要什么	1 2 3 4 5 6
33	需要更了解自己的兴趣	1 2 3 4 5 6
34	关注的目标可能会改变	1 2 3 4 5 6
35	喜欢很多事情,很难做决定	1 2 3 4 5 6

(续表)

序号	题项	评分
36	关注的利益可能会改变	1 2 3 4 5 6
37	需要更好地了解自身才能	1 2 3 4 5 6
38	因有许多想尝试的职业而时常感到矛盾	1 2 3 4 5 6
39	知道有哪些选择,但没有准备好做出承诺	1 2 3 4 5 6
40	兴趣可能会改变很多	1 2 3 4 5 6
41	在两个都很好的选择中无法做决定	1 2 3 4 5 6
42	不太了解目前正在考虑的职业	1 2 3 4 5 6
43	与其承诺,不如保留选择的余地	1 2 3 4 5 6
44	有时会感到迷茫	1 2 3 4 5 6
45	做出承诺时会感到不安	1 2 3 4 5 6
46	对实现目标有信心(R)	1 2 3 4 5 6
47	对克服困难有信心(R)	1 2 3 4 5 6
48	有信心找到能够很好表现自我的职业(R)	1 2 3 4 5 6
49	可以找到符合兴趣的职业(R)	1 2 3 4 5 6
50	努力可以解决大多数问题(R)	1 2 3 4 5 6
51	工作效率一直维持在较高水平(R)	1 2 3 4 5 6
52	努力做好每一件事(R)	1 2 3 4 5 6
53	当不好的事情发生时仍能坚持下去(R)	1 2 3 4 5 6
54	努力实现目标(R)	1 2 3 4 5 6
55	坚信自己的价值(R)	1 2 3 4 5 6
56	在做决定之前总会谨慎思考(R)	1 2 3 4 5 6
57	通常可以完成已拟定的计划(R)	1 2 3 4 5 6
58	充分考虑后果(R)	1 2 3 4 5 6
59	做决定时会确认信息无误(R)	1 2 3 4 5 6
60	做重要决定之前会提前计划	1 2 3 4 5 6
61	对我很重要的人经常不同意我的计划	1 2 3 4 5 6
62	对我很重要的人经常贬低我的计划	1 2 3 4 5 6
63	对我很重要的人经常不支持我的计划	1 2 3 4 5 6
64	与他人的期望相违背	1 2 3 4 5 6
65	来自他人的信息是相互矛盾的	1 2 3 4 5 6

注:(R)标记代表该题项为反向计分。

生涯未决侧写量表由以下四个维度构成:

(1) 神经质/消极情绪。具体包括决策失误判断、沮丧情绪、自我意识、脆弱及依赖性,对应1—21题;

(2)选择/承诺焦虑。具体包括职业信息需求、自我信息需求、决策焦虑和泄气、途径冲突、承诺无能,对应 22—45 题;

(3)准备缺乏。具体包括生涯决策自我效能、计划性和责任心、理性决策风格、自尊,对应 46—60 题;

(4)人际冲突。具体包括意见冲突、期望冲突、信息冲突等,对应 61—65 题。

参考资料:

Brown, S. D., Hacker, J., Abrams, M., Carr, A., Rector, C., Lamp, K. & Siena, A. (2012). Validation of a four-factor model of career indecision. *Journal of Career Assessment*, 20(1), 3-21.

Hacker, J., Carr, A., Abrams, M. & Brown, S. D. (2013). Development of the career indecision profile: Factor structure, reliability, and validity. *Journal of Career Assessment*, 21(1), 32-41.

第7章

职业决策困难问卷

何俟铤*

1. 简介

就业市场的不断变化使得个体在职业生涯中会经历更多的职业转换和过渡,相应的职业决策对个体、组织和社会来说都十分重要。然而,个体的思考和选择是一个非常复杂的过程,个体在这一过程中会遇到许多难以判断或解决的问题。为了顺利完成职业决策,首先要了解那些会妨碍个体做出决策的因素。

职业决策困难是职业未决领域的一个重要概念,Gati et al.(1996)将其划分为三个维度,即缺乏准备、缺乏信息、信息不一致。其中,缺乏准备发生在决策过程开始之前,后两个维度发生在决策过程之中。职业决策困难问卷(Career Decision-making Difficulties Questionnaire,CDDQ)根据职业决策困难分类模型发展而来,用于测量个体在职业决策过程中遇到各种问题的困难程度。

2. 信度与效度

在以色列和美国样本中,职业决策困难问卷的内部一致性系数均为0.95。除了不良信念子维度量表的内部一致性系数偏低(以色列样本为0.29,美国样本为0.4),其他子维度量表的内部一致性系数均为中等偏上水平,介于0.53—0.90。尽管不良信念子维度量表的内部一致性系数偏低,但考虑到不良信念因素在职业决策中的重要影响,Gati et al.(1996)没有将之剔除。

3. 量表内容

(1)基本信息
① 性别:_____

---

* 何俟铤,中国人民大学劳动人事学院博士研究生。

② 年龄:_____
③ 当前工作:_____
④ 你对自己职业决策的思考程度:_____
a. 考虑很多   b. 考虑很少   c. 几乎不考虑
⑤ 你是否有一些职业生涯备选方案:_____
a. 是   b. 否
⑥ 请你对自己职业生涯方案的自信程度打分:_____
(评判标准:1—9 分表示程度由"非常没信心"到"非常有信心")

(2) 44 项职业决策困难

请你根据自己的实际感受和体会,对下面题项在多大程度上可以描述自己进行评价和判断,选择最符合自己实际情况的分数(见表 2-7-1)。评判标准:评分 1—9 表示程度由"非常不符合"到"非常符合"。

表 2-7-1 职业决策困难问卷

维度	子维度	序号	题项	评分
缺乏准备	缺乏动机	1	我不愿意做职业决策	
		2	我不认为工作是生活中最重要的事情	
		3	我认为时间会引导我做出正确的职业决策	
	犹豫不决	4	我很难做出决定	
		5	我做决定时需要肯定和帮助	
		6	我倾向于避免做出承诺	
		7	我害怕失败	
	不良信念	8	我认为职业可以解决个人问题	
		9	我认为存在可以实现所有抱负的理想职业	
		10	我认为职业决策是一时的事情而非一生的任务	
缺乏信息	对决策流程缺乏了解	11	我不了解职业决策包括哪些步骤	
		12	我不知道需要考虑哪些因素	
		13	我不知道如何将自身情况与职业决策联系在一起	
	对自己缺乏了解	14	我不了解自己的能力	
		15	我不了解自己的个性特征	
		16	我不知道自己的职业决策偏好	
		17	我不知道与自己职业相关的喜好	
		18	我不清楚自己将来会拥有哪些能力	
		19	我不清楚自己将来个性特征如何	
		20	我不清楚自己未来会偏好哪些职业决策	
		21	我不清楚自己将来会有哪些与职业相关的喜好	

（续表）

维度	子维度	序号	题项	评分
缺乏信息	对职业缺乏了解	22	我不知道职业决策或锻炼机会有哪些	
		23	我不知道个体感兴趣的职业或锻炼机会有什么特征	
		24	我不清楚将来职业或锻炼机会有哪些	
		25	我不清楚将来职业或锻炼机会有什么特征	
	对获取其他信息的途径缺乏了解	26	我不知道获取其他信息的途径	
		27	我不知道如何获取有关职业和锻炼机会的其他信息	
信息不一致	不可靠的信息	28	我不认可关于自己能力的信息	
		29	我不认可关于自己个性特征的信息	
		30	我认为有关自己偏好的职业决策的信息并不可信	
		31	我认为关于职业相关喜好的信息并不可信	
		32	我认为"存在特定职业或锻炼机会"的说法并不可靠	
		33	我认为关于职业或锻炼机会的特征信息并不可靠	
	内在冲突	34	我不愿意做出妥协	
		35	我当前面临的几个职业决策对我有同样的吸引力	
		36	我不喜欢可以轻易获得的职业机会	
		37	在我的最优职业决策中仍有些事情令我讨厌	
		38	没有一个可以同时满足我所有喜好的职业决策	
		39	我的能力不能满足最优职业决策所要求的标准	
		40	我的能力超出最优职业决策所要求的标准	
	外在矛盾	41	对我很重要的人不符合我的理想职业选择	
		42	对我很重要的人不认可我期望的职业相关特征	
		43	我不喜欢对我很重要的人推荐的职业决策	
		44	我不符合对我很重要的人提出的职业相关特征	

（3）结尾

① 请对自己职业决策过程的总体困难程度打分：_____

（评判标准：评分1—9表示程度由"非常容易"到"非常困难"）

② 请描述你在职业决策过程中遇到的其他困难：_____

参考资料：

Gati, I., Krausz, M. & Osipow, S. H. (1996). A taxonomy of difficulties in career decision making. *Journal of Counseling Psychology*, 43(4), 510.

第8章

职业决策过程清单

杨双绮[*]

1. 简介

生涯未决意味着个体在做出学业、职业方面的选择时面临困难,而且在选择时出现拖延。这是源于职业决策涉及因素多、决策过程复杂。迟滞、不理想的职业决策给个体带来的影响是巨大的,因此准确地衡量个体的职业决策水平、选择合适的生涯决策困难应对策略对个体来说意义重大。

Hartung & Macro(1998)在格式塔咨询理论(Gestalt Counseling Theory)的基础上,建立了适用于职业决策情境的职业决策周期模型(Career Decision Making Cycle,CDMC),并且开发了职业决策过程清单(Career Decisional Process Inventory,CDPI)。

职业决策周期模型将职业决策概念化为一个周期性的满足需求的过程或者抑制需求的抵抗过程。在这一过程中,个人有效地利用内部和外部的资源来满足个人需求及应对环境的需求,达到满意的职业决策状态,从而保持心理平衡。但当个人缺乏对个人和环境的认识,无法有效地获得或使用这些资源时,他们就无法满足自己的需求,也无法有效地应对环境的需求,从而仍然犹豫不决并陷入不适的状态。

2. 信度与效度

职业决策过程清单评估了职业决策周期模型的三个潜在维度,即职业决策导向、职业决策闭合和职业决策阻力。职业决策导向维度包含涉及职业选择准备的11个题项,职业决策闭合包含涉及职业决策行为的7个题项,职业决策阻力包含涉及决策过程阻碍的7个题项,三个子清单的内部一致性系数分别为0.89、0.79、0.81。职业决策过程清单的内部一致性系数为0.93,相关研究证明

---

[*] 杨双绮,中国人民大学劳动人事学院硕士研究生。

区分效度也较高。

3. 清单内容

职业决策过程清单如表 2-8-1 所示。请阅读每个题项,并指出哪个选项代表你现在对做出职业决策的想法或感受。举例如下:

当我考虑可能选择的职业时,我感到:紧张 1　2　3　4　5 冷静

(1) 如果决定职业的想法使你感到非常紧张,请选择"1";

(2) 如果决定职业的想法使你感到有些紧张,请选择"2";

(3) 如果你没有绝对地偏向某一个状态,请选择"3";

(4) 如果你在决定职业时感到比较冷静,请选择"4";

(5) 如果你在决定职业时感到非常冷静,请选择"5"。

请根据你现在的想法或感受对每个题项做出选择。请确保对每个题项仅给出一个答案,不要在个别的题项上花费过多的时间。

表 2-8-1　职业决策过程清单

序号	题项	评分
1	被问到职业计划使我感到	有压力 1 2 3 4 5 轻松
2	思考我想做的工作类型使我感到	头脑混乱 1 2 3 4 5 头脑清晰
3	职业规划的主题使我感到	不舒服 1 2 3 4 5 舒服
4	在我的生活中,工作和职业的作用是	未知的 1 2 3 4 5 已知的
5	我选择职业的原因是	不清楚的 1 2 3 4 5 清楚的
6	我的职业兴趣和能力是	不明显的 1 2 3 4 5 明显的
7	试图做出职业决策是	令人疲倦的 1 2 3 4 5 令人振奋的
8	就做出职业决策而言,我是	没准备好的 1 2 3 4 5 准备好的
9	当我考虑可能选择的职业时,我感到	紧张 1 2 3 4 5 冷静
10	我在决定职业时所付出的努力使我感到	紧张 1 2 3 4 5 冷静
11	知道自己必须做出职业决策后,我感到	不安全 1 2 3 4 5 安全
12	我在确定自己想做的工作类型上投入的精力是	无用的 1 2 3 4 5 有用的
13	在试图决定职业时,我是	无资源的 1 2 3 4 5 有资源的
14	我可选的所有工作类型是	受限的 1 2 3 4 5 充满可能性的
15	当我考虑可能要从事的工作时,我感到	拘束 1 2 3 4 5 自然
16	我在做出职业决策时投入时间和精力是	令我不愉快的 1 2 3 4 5 令我愉快的
17	知道自己可以了解可能的职业领域或工作后,我感到	不满意 1 2 3 4 5 满意

(续表)

序号	题项	评分
18	努力做出职业决策的想法使我感到	空洞 1 2 3 4 5 满足
19	我的职业兴趣是	有价值的 1 2 3 4 5 毫无价值的
20	我必须做出职业决策的想法是	被释放的 1 2 3 4 5 被压抑的
21	我对自己可能从事的工作类型的想法是	外放的 1 2 3 4 5 内敛的
22	与他人谈论职业的想法使我感到	放松 1 2 3 4 5 紧张
23	现在,考虑到我可以做的工作,我会感到	严肃 1 2 3 4 5 愚蠢
24	在与人们谈论可能的职业时,我会	直达重点 1 2 3 4 5 绕圈子
25	我对职业的决定实际上是	现实的 1 2 3 4 5 不切实际的

计分方法：

职业决策导向：第1—11题,分数加总后,分数范围是11—55。分数越高,表明越容易为职业决策做好准备。

职业决策闭合：第12—18题,分数加总后,分数范围是7—35。分数越高,表明职业决策参与度越高,对工作或职业的决策越果断。

职业决策阻力：第19—25题,分数加总后,分数范围是7—35。分数越高,表明职业决策参与度越低,对工作和职业的决策越犹豫。

参考资料：

Hartung, P. J. & Marco, C. D. (1998). Refinement and further validation of the Decisional Process Inventory. *Journal of Career Assessment*, 6(2), 147-162.

Marco, C. D., Hartung, P. J., Newman, I. & Parr, P. (2003). Validity of the decisional process inventory. *Journal of Vocational Behavior*, 63(1), 1-19.

第9章

职业决策自主性量表

何俣铤*

1. 简介

职业探索是影响个体职业决策的重要因素,在这个过程中,个体搜寻关于自我的信息,也同时搜寻有关教育和职业决策的信息,推动职业决策取得进展。研究表明,潜在动机可以预测和解释个体的坚持力、创造力、学业表现等(Vallerand,1997),因而对职业决策过程至关重要。

根据自我决定理论和动机类型(Deci & Ryan,1985),Guay(2005)开发了基于职业决策活动的动机测量方法,即职业决策自主性量表(Career Decision-making Autonomy Scale,CDAS),包括内部动机、认同调节、内摄调节、外部调节四个分量表。

2. 信度与效度

CDAS 四个分量表的内部一致性系数为 0.91—0.95。验证性因子分析表明,CDAS 具有四因子结构,且在不同性别的被试间具有不变性。四个分量表之间的相关性呈现类似一维模式(a Quasi-simple Pattern),说明在自我决定连续体(the Self-determination Continuum)上,相邻分量表的相关性比彼此距离更大分量表之间的相关性更高。根据神经质、自尊、职业未决、职业决策自我效能感、与父母和同辈的关系等变量的效标关联效度分析结果,CDAS 具有较高的有效性。此外,多质多法(Multitrait-Multimethod)检验结果也支持 CDAS 的构念效度。

---

* 何俣铤,中国人民大学劳动人事学院博士研究生。

3. 量表内容

表 2-9-1 是与最终职业决策有关的个体活动清单,即职业决策自主性量表。根据量表中列出的原因,说明你正在或将要实施这些活动是出于该原因的程度。

表 2-9-1　职业决策自主性量表

原因	序号	题项	完全不符合	大部分不符合	有点不符合	不确定	有点符合	大部分符合	完全符合
出于活动本身的乐趣	1	搜寻职业信息	1	2	3	4	5	6	7
	2	搜寻学校课程信息	1	2	3	4	5	6	7
	3	确认学校课程或职业生涯的选择	1	2	3	4	5	6	7
	4	努力实现职业目标	1	2	3	4	5	6	7
	5	确认符合职业目标的职业决策	1	2	3	4	5	6	7
	6	确认完成学校项目需要遵循的步骤	1	2	3	4	5	6	7
	7	确定在职业决策中最看重的因素	1	2	3	4	5	6	7
	8	确定符合兴趣和个性的职业决策	1	2	3	4	5	6	7
我相信这项活动是重要的	9	搜寻职业信息	1	2	3	4	5	6	7
	10	搜寻学校课程信息	1	2	3	4	5	6	7
	11	确认学校课程或职业生涯的选择	1	2	3	4	5	6	7
	12	努力实现职业目标	1	2	3	4	5	6	7
	13	确认符合职业目标的职业决策	1	2	3	4	5	6	7
	14	确认完成学校项目需要遵循的步骤	1	2	3	4	5	6	7
	15	确定在职业决策中最看重的因素	1	2	3	4	5	6	7
	16	确定符合兴趣和个性的职业决策	1	2	3	4	5	6	7

（续表）

原因	序号	题项	完全不符合	大部分不符合	有点不符合	不确定	有点符合	大部分符合	完全符合
如果不实施这项活动，我会感到内疚和焦虑	17	搜寻职业信息	1	2	3	4	5	6	7
	18	搜寻学校课程信息	1	2	3	4	5	6	7
	19	确认学校课程或职业生涯的选择	1	2	3	4	5	6	7
	20	努力实现职业目标	1	2	3	4	5	6	7
	21	确认符合职业目标的职业决策	1	2	3	4	5	6	7
	22	确认完成学校项目需要遵循的步骤	1	2	3	4	5	6	7
	23	确定在职业决策中最看重的因素	1	2	3	4	5	6	7
	24	确定符合兴趣和个性的职业决策	1	2	3	4	5	6	7
因为别人希望我这样做，或者这样做我将得到奖励、赞扬、批准	25	搜寻职业信息	1	2	3	4	5	6	7
	26	搜寻学校课程信息	1	2	3	4	5	6	7
	27	确认学校课程或职业生涯的选择	1	2	3	4	5	6	7
	28	努力实现职业目标	1	2	3	4	5	6	7
	29	确认符合职业目标的职业决策	1	2	3	4	5	6	7
	30	确认完成学校项目需要遵循的步骤	1	2	3	4	5	6	7
	31	确定在职业决策中最看重的因素	1	2	3	4	5	6	7
	32	确定符合兴趣和个性的职业决策	1	2	3	4	5	6	7

参考资料：

Deci, E. L. & Ryan, R. M. (1985). *Intrinsic motivation and self-determination in human behavior*. New York: Plenum.

Guay, F. (2005). Motivations underlying career decision-making activities: The Career Decision-making Autonomy Scale (CDMAS). *Journal of Career Assessment*, 13(1), 77-97.

Vallerand, R. J. (1997). Toward a hierarchical model of intrinsic and extrinsic motivation. *Advances in Experimental Social Psychology*, 29, 271-361.

第10章

职业最优化量表

冯 悦*

1. 简介

在无边界职业和易变职业的时代背景下,个体在组织内部、外部的流动更加容易,因此个体与职业相关的决策也变得更加频繁和重要,个体必须充分发挥主动性进行自我职业生涯管理。职业决策相关文献通常将决策者区分为"最优化者"和"满足者"(Dalal et al., 2015)。最优化指倾向于对所有备选方案进行系统评估,以做出最优决策;满足则指倾向于做出"足够好"的决策(Simon, 1956)。

基于职业决策的重要性和长期影响性,在关于最优化和职业决策文献的基础上(例如,Dalal et al., 2015; Gati et al., 1996),学者将职业最优化倾向定义为个体在做出职业相关决策过程中渴望实现最优化目标的程度,即个体在思考自身专业、工作或职业选择时,倾向于寻找和评估多种选项,且不满足于次优选择。

Vos et al. (2019)将决策领域的最优化概念应用到职业决策这一具体情境,提出职业最优化是不同于一般"最优化"的独立构念,并开发出职业最优化量表(Career Maximizing Scale, CMS)。CMS建立在单因子结构模型之上,用于测量个体做出职业相关决策过程中渴望实现最优化目标的程度,适用于职场人和学生群体的职业生涯评估。

2. 信度与效度

CMS 内部一致性系数为 0.88,具有良好的区分效度(如一般最优化、外向性等),并有较好的预测效度(如职业满意度、职业决策自我效能、工作满意度、个人—组织匹配、专业承诺等)。

---

* 冯悦,中国人民大学劳动人事学院博士研究生。

3. 量表内容

职业最优化量表如表 2-10-1 所示。量表旨在衡量你在做出职业相关决策时的倾向和偏好,请你根据自己的实际感受和体会,对下列题项表述进行评价和判断,选择最符合自身实际情况的选项。

表 2-10-1 职业最优化量表

序号	题项	非常不符合	不符合	不确定	符合	非常符合
1	在做出工作选择之前,我必须了解所有可供我选择的工作	1	2	3	4	5
2	我会选择能最大限度实现自己职业生涯目标的工作	1	2	3	4	5
3	我讨厌屈就于一个并非最优选择的工作	1	2	3	4	5
4	当考虑职业选择时,我试着想象所有的可能性	1	2	3	4	5
5	在选择工作前,我会比较很多工作选项	1	2	3	4	5
6	在接受一份工作前,我会仔细权衡它的利弊	1	2	3	4	5
7	在选择职业时,我总是试图选择最好的职业	1	2	3	4	5
8	我一直在努力寻找最好的工作	1	2	3	4	5
9	当谈到职业时,我对自己有很高的要求	1	2	3	4	5
10	对我来说,好的工作场所是非常重要的	1	2	3	4	5

参考资料:

Dalal, D. K., Diab, D. L., Zhu, X. & Hwang, T. (2015). Understanding the construct of maximizing tendency: A theoretical and empirical evaluation. *Journal of Behavioral Decision Making*, 28(5), 437-450.

Gati, I., Krausz, M. & Osipow, S. H. (1996). A taxonomy of difficulties in career decision making. *Journal of Counseling Psychology*, 43(4), 510.

Simon, H. A. (1956). Rational choice and the structure of the environment. *Psychological Review*, 63(2), 129.

Voss, N. M., Lake, C. J. & Chlevin-Thiele, C. (2019). Construction and initial validation of the Career Maximizing Scale. *The Career Development Quarterly*, 67(2), 156-170.

第三篇

生涯发展和管理

第1章

职业压力量表

何俣铤*

1. 简介

在职业生涯中,职业压力的背后通常有负面的生涯事件,例如生涯未决、生涯妥协、职业认同不足等。从目标导向视角来看,人们的行为可分为三个阶段,分别是设置目标、评估目标完成进度、实施策略以提高目标实现的可能性。当个体评估目标的完成进度时,如果发现当前处境与达成目标路径不一致,就会直接导致个体产生不同程度的压力。压力形成后,个体会受到这种消极体验的影响,进而倾向于做出停止职业探索和学习等对职业发展不利的行为。因此,在个体职业生涯发展研究领域,职业压力是非常重要的构念,包括无助、沮丧、没有目标、焦虑、自责等表现形式。

职业压力量表(Career Distress Scale,CDS)用于评估个体在职业决策和实现过程中的压力感受,适用于年轻人。CDS 是一维量表,共包含 9 个题项,较为简洁。得分越高,表示职业压力水平越高。

2. 信度与效度

CDS 信度较高,其内部一致性系数为 0.88,并具有良好的构念效度(与消极情绪正相关,与积极情绪负相关)。此外,主成分分析结果支持 CDS 的一维结构。

3. 量表内容

职业压力量表如表 3-1-1 所示。请你根据自己的实际感受和体会,对量表 9 个题项进行评价和判断,并在最符合自身实际情况的评分上打√。评判标准为:

---

* 何俣铤,中国人民大学劳动人事学院博士研究生。

1表示"非常不符合"……6表示"非常符合"。

表 3-1-1 职业压力量表

序号	题项	评分
1	我在选择职业生涯时经常感到心情低落或沮丧	1 2 3 4 5 6
2	我认为自己应该尽快做出生涯决策,实际上却做不到,这让我感到焦虑	1 2 3 4 5 6
3	我在选择自己满意的职业生涯时会感到有压力	1 2 3 4 5 6
4	我在职业决策中经常因一些事情而自责	1 2 3 4 5 6
5	我会试图掩饰任何职业问题,假装问题并不存在	1 2 3 4 5 6
6	我经常感觉自己人生缺乏足够的目标	1 2 3 4 5 6
7	我常希望职业决策中的问题可以自行消失	1 2 3 4 5 6
8	我没有特别的才能,以致无法优先选择职业生涯	1 2 3 4 5 6
9	某个有影响力的人不认可我的职业选择,这影响我进行职业生涯探索	1 2 3 4 5 6

参考资料:

Creed, P. A., Hood, M., Praskova, A. & Makransky, G. (2016). The career distress scale: Using Rasch measurement theory to evaluate a brief measure of career distress. *Journal of Career Assessment*, 24(4), 732-746.

第2章

生涯未来清单

何俣铤*

1. 简介

职业心理学的最终目的就是帮助个体建立有效的职业生涯,实现职业追求的价值意义,研究内容涉及探寻职业理想、制订行动计划、实施计划等生涯活动。这些活动都以未来为导向,强调发挥个体的优势。对于未来的期望和信心通常指向健康的个性特征,这一观点引导着人们关注职业发展中的积极方面。

生涯未来清单(Career Futures Inventory,CFI)围绕关于职业规划的积极态度,评估与个体职业相关的适应性和乐观程度,测量与职业生涯相关的态度、期望和情感,由生涯适应力、生涯乐观态度、就业市场信息感知三个分量表构成。CFI 可以应用于咨询实践和科学研究。

2. 信度与效度

CFI 信度水平很高,三个分量表的内部一致性系数分别为 0.85(生涯适应力)、0.63(生涯乐观态度)、0.69(就业市场信息感知)。验证性因子分析结果表明,三因子模型与数据的拟合情况良好。

3. 量表内容

生涯未来清单如表 3-2-1 所示。请你根据自己的实际感受和体会,对下面 25 项关于你对未来职业生涯的态度描述进行评价和判断,选择最符合自身实际情况的选项。

---

* 何俣铤,中国人民大学劳动人事学院博士研究生。

表 3-2-1 生涯未来清单

维度	序号	题项	非常不符合	不符合	不确定	符合	非常符合
生涯适应力	1	我能够很好地适应新的工作环境	1	2	3	4	5
	2	我能够适应职业生涯计划发生的变动	1	2	3	4	5
	3	我能够克服职业生涯中潜在的阻碍	1	2	3	4	5
	4	我喜欢尝试新的工作任务	1	2	3	4	5
	5	我能够适应工作环境的变化	1	2	3	4	5
	6	我可以轻松适应工作中变化的需求	1	2	3	4	5
	7	其他人认为我可以适应工作计划的变动	1	2	3	4	5
	8	我的职业成功是由自己的努力决定的	1	2	3	4	5
	9	当我的职业生涯不太顺利时,我会重新振作起来	1	2	3	4	5
	10	我不能掌控自己的职业生涯(R)	1	2	3	4	5
	11	我不能掌握自己的职业生涯成功(R)	1	2	3	4	5
生涯乐观态度	12	当思考职业生涯时,我会感到激动	1	2	3	4	5
	13	思考职业生涯可以启发、激励我	1	2	3	4	5
	14	思考职业生涯会让我感到沮丧	1	2	3	4	5
	15	设定职业生涯目标对我来说有困难	1	2	3	4	5
	16	将能力与具体的职业生涯计划联系在一起对我来说有困难(R)	1	2	3	4	5
	17	我清楚与自己工作相关的利益	1	2	3	4	5
	18	我渴望追求职业生涯目标	1	2	3	4	5
	19	我不敢肯定自己未来的职业生涯会成功(R)	1	2	3	4	5
	20	我发现拥有顺利的职业生涯是一件难事(R)	1	2	3	4	5
	21	计划职业生涯是我的本能	1	2	3	4	5
	22	我可以做出正确的职业生涯决定	1	2	3	4	5
就业市场信息感知	23	我善于了解就业市场动向	1	2	3	4	5
	24	我不能理解就业市场动向(R)	1	2	3	4	5
	25	预测未来就业趋势是容易的事情	1	2	3	4	5

注:(R)代表该题项反向计分。

参考资料:

Rottinghaus, P. J., Day, S. X. & Borgen, F. H. (2005). The Career Futures Inventory: A measure of career-related adaptability and optimism. *Journal of Career Assessment*, 13(1), 3-24.

第3章

生涯彩虹图

蒋新玲[*]

1. 简介

在生涯发展阶段理论中,著名职业生涯规划大师唐纳德·E.舒伯(Donald E. Super)依照年龄将个体的职业生涯发展分为成长(0—14岁)、探索(15—24岁)、建立(25—44岁)、维持(45—64岁)和衰退(65岁及以上)五个阶段。在成长阶段,个体初步认知自己的兴趣和能力,开始建立自我概念,并对职业产生初步的认识;在探索阶段,个体基于学校教育和社会实践,进一步认识自己的职业偏好,并进行初步的择业和就业活动;在建立阶段,个体不断寻求自身与工作的匹配,渐渐趋向于稳定的职业状态;在维持阶段,个体主要关注工作—家庭平衡,以及维持工作带来的社会认同和已有成就;在衰退阶段,个体因生理机能下降而逐渐退出劳动力市场,并开始适应退休生活。为了推动职业发展阶段理论的全面发展,Super(1980)提出一个更为广阔的新观念——生活广度(Life-span)和生活空间(Life-space)的生涯发展观,在生涯发展阶段理论的基础上融入角色理论,根据生涯发展阶段与角色彼此间交互影响的状况,描绘出一个多重角色生涯发展的综合图形。舒伯将这一图形命名为生涯彩虹图(Life-career Rainbow)(见图3-3-1)。

生涯彩虹图结合横贯一生的生活广度视角和纵贯上下的生活空间视角,形象地将生涯发展中的时空关系呈现出来。舒伯认为不仅要从生命的不同阶段来理解个体的职业发展,还应考虑个体在整个生涯发展过程所扮演的各种社会角色。在生涯彩虹图中,横向表示生活广度,即个体一生需要经历的五个阶段(成长、探索、建立、维持、衰退),数值表示大概的年龄;纵向表示纵贯上下的生活空间。舒伯指出,在生活空间中,个体主要扮演六个角色——孩子、学生、休闲者、公民、工作者和持家者,这六个角色之间交互影响,形成个体独有的生涯类型。舒伯认为在个体的职业发展过程中,个体会随着年龄的增长而扮演不同的角色,

---

[*] 蒋新玲,中国人民大学劳动人事学院博士研究生。

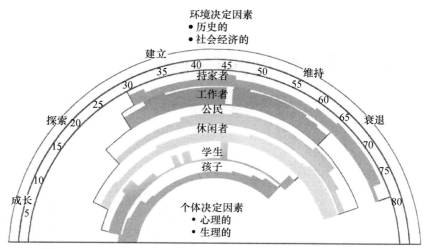

图 3-3-1 生涯彩虹图

资料来源:刘夏亮(2010)。

图 3-3-1 中每个角色所处色带的粗细代表在不同职业发展阶段该角色所发挥作用的大小,在同一个发展阶段个体可能会同时扮演不同的角色,但每个阶段都存在作用相对显著的角色。舒伯认为,除了职业发展阶段和个体所扮演角色之间的相互作用对个体职业发展的影响,还存在与个体相关的其他心理/生理因素会对个体职业发展产生影响,比如情绪、健康水平等。

当前,生涯彩虹图常用于生涯教育环节的生涯意识唤醒模块,用于辅导学生进行职业生涯规划。在个人职业生涯咨询领域,生涯咨询师也可以利用生涯彩虹图帮助来访者回顾各阶段的成长轨迹与扮演的角色,让其对自我发展有清晰的认知,并引导他们完成未来的职业生涯规划。

生涯彩虹图的应用重点是对当下显著角色的认知和觉察,目的在于帮助个体梳理过去、觉知当下、规划未来,对于个体的职业生涯发展规划具有重要作用。

第一,生涯彩虹图区分了不同职业发展阶段的不同角色,并指出每个阶段存在的对个体职业生涯发展作用相对显著的角色,可以很好地标示各个角色的变化,从而帮助个体更加清晰地认识自己在各个阶段所扮演的社会角色,从而做出理性的职业规划和决策。

第二,生涯彩虹图引导个体思考自身不同职业发展阶段的不同角色,同时关注自身在不同阶段的角色转换,关注角色之间的相互作用,从横向的空间视角和纵向的时间视角为处于不同阶段的个体的社会角色转换提供指导。

第三,生涯彩虹图强调个体职业生涯具有阶段性,个体的职业发展是循序渐进的过程,每个阶段之间相互影响,为个体职业生涯发展提供了一个更全面的视角。

2. 使用方法和步骤

使用生涯彩虹图包括七个主要步骤:

(1)职业咨询师向来访者解释每个角色的含义,并与对方探讨现在他有哪些角色,未来有哪些角色。

在这一步中要注意角色的排序。舒伯提出理论时没有要求对角色进行排序,但在实际使用的过程中,最好是把最重要的角色置于最里面、把最不重要的角色置于最外面,以方便调整和改进。

(2)请来访者为每个角色选择一支颜色笔。

(3)如图 3-3-2 所示,在一张空白的生涯彩虹图上,先用每个角色对应的颜色笔在生涯彩虹图上描绘角色出现的起止年龄节点。

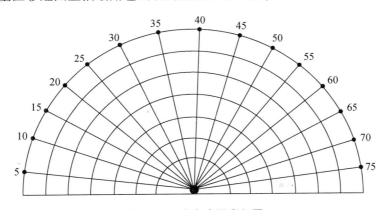

图 3-3-2　空白生涯彩虹图

(4)依次给每个角色根据不同年龄段的时间投入情况画出具体的宽度(这一步没有要求所有角色的比例加起来必须是严格的 100%)。

(5)完成后,请来访者查看生涯彩虹图的内容,职业咨询师向来访者提问,提问方向包括但不局限于以下几个:

① 画完生涯彩虹图,你有什么感受吗?

② 你认为你的角色是过多了,还是过少了? 为什么?

③ 你当下最重要的角色是什么? 你打算在这个角色上做哪些投入或采取什么行动?

④ 有没有一些阶段多个角色所需要的时间投入都比较多?从投入时间的比例来看,可能会超过100%。对于这个问题,你怎么看?

(6) 请来访者将自己从当下年龄到未来五年用三角形的方式标注出来,让来访者看到当下以及未来五年角色的变化,这是一种对未来的观照,这个过程会促使来访者思考,从现在开始要如何努力,为下一阶段做好准备。

(7) 请来访者谈谈画完生涯彩虹图后的整体感悟是什么。

总体而言,生涯彩虹图对于职场人的应用效果会好于学生,因为职场人所经历的角色比学生所经历的角色更多,更容易出现角色冲突的现象。

参考资料:

Okocha, A. A. (2001). Facilitating Career Development through Super's Life Career Rainbow. Paper presented at the Annual Conference of the National Consultation on Career Development (27th, Ottawa, Ontario, January 22-24, 2001).

Super, D. E. (1980). A life-span, life-space approach to career development. *Journal of Vocational Behavior*, 16(3), 282-298.

刘夏亮 (2010). 绘制你的"生涯彩虹图". 成才与就业, (7), 62-63.

第4章

生涯发展状态测验

潘 真[*]

1. 简介

生涯发展状态测验(My Vocational Situation,MVS)由美国约翰·霍普金斯大学的心理学教授霍兰德等人开发,旨在为高中生、大学生、成人职业咨询来访者提供与职业决策相关困难的评估(Holland et al., 1980b)。该测验主要包含三个部分,分别是职业认同、职业信息及职业障碍。

测验的主体由职业认同量表构成,职业认同是霍兰德职业理论中的重要概念之一,被定义为稳定而明确的目标、兴趣和能力。此外,测验还包含一个职业信息量表,通过判断题对来访者的职业信息知识的缺乏程度进行评判。测验还包括一个职业障碍量表,通过判断题评估与职业决策相关的环境障碍和个人障碍(Holland et al., 1980a)。

MVS结果可以用来确定来访者在职业发展过程中的困难来源,例如低职业认同、缺乏准确信息、职业障碍。职业咨询师可依据测验结果更深入地了解来访者并采取相应的干预措施(Holland et al., 1980b)。

2. 使用方法和步骤

MVS为纸笔测验,测验完成后,来访者可以自行完成评分。测验一共包括26题,其中职业认同部分18题,职业信息部分4题,职业障碍部分4题。完成测验大概需要10分钟。最终分数是所有"错"与"否"答案数量的总和,回答"错"与"否"的数量越多,意味着相应量表的得分越高。例如,在职业认同量表中,回答"错"的数量越多,意味着来访者有越高的职业认同感;在职业信息量表中,回答"否"的数量越多,表明来访者掌握越丰富的职业信息;在职业障碍量表中,回答"否"的数量越多,表明来访者的职业障碍越少(Tinsley et al., 1989)。

---

[*] 潘真,中国人民大学劳动人事学院博士研究生。

3. 工具内容

姓名_____ 日期_____ 性别_____ 年龄_____
受教育程度_____ 其他_____
请列出你当前正在考虑的所有职业。

_____ _____ _____

_____ _____ _____

_____ _____ _____

试着回答表 3-4-1 中的每一项陈述，圈出最符合你的选项。

表 3-4-1　生涯发展状态测验

当我在考虑目前的工作或正在规划职业时：		
1. 我需要保证我的职业选择是正确的	对	错
2. 我很担心我目前的兴趣可能会随着时间的推移而改变	对	错
3. 我不确定我能做好哪些职业	对	错
4. 我不知道我主要的优点和缺点是什么	对	错
5. 我能做的工作可能不足以让我过上自己向往的生活	对	错
6. 如果我现在必须做出职业选择，恐怕我会做出一个糟糕的选择	对	错
7. 我需要弄清楚我应该从事什么样的职业	对	错
8. 对我来说，决定从事什么职业是一个长期而困难的问题	对	错
9. 我对有关职业决策的问题都感到困惑	对	错
10. 我不能确定目前的职业选择是否适合我	对	错
11. 我对不同职业的具体工作内容了解还不够多	对	错
12. 没有一种职业对我有强烈的吸引力	对	错
13. 我不确定自己喜欢哪个职业	对	错
14. 我想增加可选择职业的数量	对	错
15. 我对自己能力和才能的评估每年都会发生较大变化	对	错
16. 我无法掌控自己生活的许多方面	对	错
17. 现在距离我知道我想从事的职业还不到一年	对	错
18. 我不明白为什么有些人对自己想做的事想法如此清晰	对	错

(续表)

我需要以下信息：		
19. 如何在我所选择的职业方向上找到一份工作	是	否
20. 哪一类型的人会倾向于选择某种类型的职业	是	否
21. 更多有关就业机会的资讯	是	否
22. 如何在我选择的职业方向上获得必要的培训	是	否
我有以下困难：		
23. 我不确定自己是否有能力完成必要的教育或培训	是	否
24. 我没有钱去追求自己最想要的事业	是	否
25. 我缺乏选择自己理想职业的特殊才能	是	否
26. 对我有影响力的人并不赞成我的职业选择	是	否

参考资料：

Holland, J. L., Daiger, D. C. & Power, P. G. (1980a). *My Vocational Situation*. Palo Alto, CA: Consulting Psychologists Press.

Holland, J. L., Gottfredson, D. C. & Power, P. G. (1980b). Some diagnostic scales for research in decision making and personality: Identity, information, and barriers. *Journal of Personality and Social Psychology*, 39, 1191-1200.

Tinsley, H. E., Bowman, S. L. & York, D. C. (1989). Career Decision Scale, My vocational Situation Rating Scale, and Decisional Rating Scale: Do they measure the same constructs. *Journal of Counseling Psychology*, 36, 115-120.

第5章

职业目标差异量表

杨双绮[*]

1. 简介

职业目标差异是指个体的职业目标（即未来期望的自我或情况）与实现该目标的进展（即当前的自我或情况）之间的感知差距。从目标导向的角度来看，一旦设定了目标，个体就会无意识地总结自己所取得的进步，不断地对目标及其相关的努力行为进行评价。他们将自己的进步与一些内外部标准进行比较，并且还会通过加大努力程度或调整目标对自己当前和未来期望之间的差距进行管理（Creed & Hood,2015）。对此种差距的测量有利于个体评估职业目标与当前进展的差异，研究者可以借此探究职业目标进展的相关性和结果；职场人士也可以借此激发自己对职业目标的思考、反思自己的进步，积极探索采取哪些措施才能够更好地实现自己的目标，或制定更现实的新目标。

职业目标差异量表（Career Goal Discrepancies Scale）专门为年轻人开发，因为职业目标和职业目标进展是青年阶段职业发展的重要内容。

2. 信度与效度

检验性因子分析表明职业目标差异量表结构效度良好，内部一致性系数为0.96。

3. 量表内容

职业目标差异量表如表 3-5-1 所示。请仔细阅读下列题项，判断题项描述与你的符合程度并进行勾选。其中，1 表示"非常不符合"，2 表示"很不符合"，3 表示"不符合"，4 表示"不确定"，5 表示"符合"，6 表示"很符合"，7 表示"非常

---

[*] 杨双绮，中国人民大学劳动人事学院硕士研究生。

符合"。在量表中,较高的分数代表较高的职业目标差异感知水平,较低的分数代表较低的职业目标差异感知水平。

表 3-5-1 职业目标差异量表

维度	序号	题项	评分
成就差异	1	我没有获得我真正想要的职业	1 2 3 4 5 6 7
	2	我迄今为止的成就并没有使我对实现自己的职业目标充满信心	1 2 3 4 5 6 7
	3	我在我的职业目标上取得了一定进步,但我认为我还没有取得足够的成就来实现自己的职业理想	1 2 3 4 5 6 7
努力差异	4	尽管我尽了最大努力,但我还是可能会错过理想的职业	1 2 3 4 5 6 7
	5	即使我已尽最大的努力,我可能也不得不考虑自己的事业而接受一份没有那么理想的职业	1 2 3 4 5 6 7
	6	我正在努力,但我仍不确定最终能否从事自己真正想要的职业	1 2 3 4 5 6 7
标准差异	7	我不确定我能否达到自己理想职业的入行标准	1 2 3 4 5 6 7
	8	我将目光投向特定的职业,但我认为自己无法获得这份职业	1 2 3 4 5 6 7
	9	我对自己理想中的工作有一个简单的设想,但我认为那是我无法实现的	1 2 3 4 5 6 7
能力差异	10	我曾以为我有能力得到自己想要的职业,但现在我不太确定	1 2 3 4 5 6 7
	11	我对我理想中的职业是很明确的,但是我认为自己没有达到这个职业的要求	1 2 3 4 5 6 7
	12	我不确定我能否满足自己理想中的职业的要求	1 2 3 4 5 6 7

参考资料:

Creed, P. A. & Hood, M. (2015). The development and initial validation of a scale to assess career goal discrepancies. *Journal of Career Assessment*, 23(2), 308-317.

第6章

工作相关基本需求满足量表

周秋月[*]

1. 简介

自我决定理论认为自主、胜任和关系等基本心理需求的满足,是个体在各个生活领域发挥最佳作用的重要预测因素。然而,工作相关基本需求相关的研究似乎因缺乏有效的衡量标准而受到阻碍。Van den Broeck et al. (2010)从自主需求、胜任需求和关系需求三个维度,开发了工作相关基本需求满足量表(Work-related Basic Need Satisfaction Scale),并验证了量表的区分效度、分量表的信度,以及效标关联效度和预测效度。

2. 信度与效度

工作相关基本需求满足分量表的内部一致性系数均在0.8以上,区分效度良好(三种需求满意度、工作资源与最佳作用),预测效度较好(工作满意度、工作活力、工作倦怠、生活满意度)。

3. 量表内容

工作相关基本需求满足量表如表3-6-1所示。

---

[*] 周秋月,中国人民大学劳动人事学院硕士研究生。

表 3-6-1 工作相关基本需求满足量表

维度	序号	题项	非常不符合	不符合	不确定	符合	非常符合
自主需求	1	在工作中,我可以自由表达自己的想法和观点	1	2	3	4	5
	2	我觉得我可以在工作中展示真正的自己	1	2	3	4	5
	3	在工作中,我经常觉得我必须听从别人的指令	1	2	3	4	5
	4	如果可以选择,我会采取不同的工作方式(R)	1	2	3	4	5
	5	我的工作任务与我想做的事是一致的	1	2	3	4	5
	6	我可以随心所欲地以我认为最好的方式完成自己的工作	1	2	3	4	5
	7	在我的工作中,我常常被迫做自己不想做的事情(R)	1	2	3	4	5
胜任需求	8	我觉得我不能胜任自己的工作(R)	1	2	3	4	5
	9	我觉得我很精通自己的工作	1	2	3	4	5
	10	我觉得我能胜任自己的工作	1	2	3	4	5
	11	我不确定我能否顺利完成自己的工作任务(R)	1	2	3	4	5
	12	我擅长我在工作中所做的事情	1	2	3	4	5
	13	我觉得我可以在工作中完成最困难的任务	1	2	3	4	5
关系需求	14	在工作中,我感觉不到与其他人存在的联系(R)	1	2	3	4	5
	15	在工作中,我感觉自己是团队的一员	1	2	3	4	5
	16	在工作中,我并没有与其他人深入交往	1	2	3	4	5
	17	在工作中,我可以和人们谈论对我来说真正重要的事情	1	2	3	4	5
	18	当我和同事在一起时,我经常感到孤独(R)	1	2	3	4	5
	19	在工作中,人们总是要求我参与社交活动	1	2	3	4	5
	20	在工作中,有些人真正理解我	1	2	3	4	5
	21	我的一些同事是我的好朋友	1	2	3	4	5
	22	在工作中,没有人关心我(R)	1	2	3	4	5
	23	在工作中,没有人可以和我分享我的想法(R)	1	2	3	4	5

注:标记(R)代表反向计分。

参考资料:

Van den Broeck, A., Vansteenkiste, M., De Witte, H., et al. (2010). Capturing autonomy, competence, and relatedness at work: Construction and initial validation of the Work-related Basic Need Satisfaction Scale. *Journal of Occupational and Organizational Psychology*, 83(4), 981-1002.

第7章

职业探索测验

周秋月*

1. 简介

职业探索这一概念起源于生涯发展阶段理论,也是员工流失、职业流动、职业生涯发展、职业决策和职业咨询等理论的主要构面。生涯发展阶段理论把个体职业生涯发展分为成长、探索、建立、维持和衰退五个阶段。

职业探索测验(Career Exploration Survey, CES)从认知、行为和反应三方面将职业探索的结构操作化,包括探索信念(Exploration Beliefs)、探索过程(Exploration Process)和探索反应(Exploration Reactions)。其中,探索信念是对即将进行的探索行为的价值所做的评价,也是对职业机会的感知,具体维度包括雇佣观(Employment Outlook)、结果确定性(Certainty of Outcomes)、外部探究手段(External Search Instrumentality)、内部探究手段(Internal Search Instrumentality)、方法工具(Method Instrumentality)、获得偏好职位的重要性(Importance of Obtaining Preferred Position);探索过程是探索过程中与职业相关的行为,具体维度包括环境探索(Environment Exploration)、自我探索(Self-exploration)、考虑的职业数目(Number of Occupations Considered)、有目标的系统探索(Intended-Systematic Exploration)、频率(Frequency)、信息量(Amount of Information)和重点(Focus);探索反应是对探索信息获得情况及探索过程的感知,具体维度包括信息满意度(Satisfaction with Information)、探索压力(Explorational Stress)及决策压力(Decisional Stress)。

2. 信度与效度

CES 各维度的内部一致性系数为 0.71—0.89,具有良好的区分效度(个体特征、教育背景)。

---

* 周秋月,中国人民大学劳动人事学院硕士研究生。

3. 量表内容

职业探索量表如表 3-7-1 所示。除特殊题项外,职业探索量表采用李克特五点计分法,评分 1—5 指程度由负面至正面,比如很少→很多,很不满意→很满意,很不确定→很确定,很不好→很好,概率很低→概率很高,很不重要→很重要。第 39 题为频率选择;第 56—62 题采取李克特七点计分法,1 表示"与其他问题相比,这是微不足道的"……7 表示"与其他问题相比,这是压力巨大的"。无反向计分等特殊评价方式。

表 3-7-1 职业探索量表

维度	序号	题项	评分				
信息量	1	你目前拥有的关于你所调查的职业领域的信息量	1 很少	2 一点	3 中等	4 较多	5 很多
	2	你目前拥有的关于工作、组织和就业市场的信息量	1 很少	2 一点	3 中等	4 较多	5 很多
	3	你目前拥有的关于如何适应各种职业生涯发展路径的信息量	1 很少	2 一点	3 中等	4 较多	5 很多
信息满意度(你对自己掌握的以下信息的数量有多满意?)	4	你感兴趣的具体工作	1 很不满意	2 有点不满意	3 一般	4 有点满意	5 很满意
	5	满足你个人需求的组织类型	1 很不满意	2 有点不满意	3 一般	4 有点满意	5 很满意
	6	你感兴趣的具体职业	1 很不满意	2 有点不满意	3 一般	4 有点满意	5 很满意
	7	与你的兴趣和能力相符的工作	1 很不满意	2 有点不满意	3 一般	4 有点满意	5 很满意
	8	你感兴趣的具体组织	1 很不满意	2 有点不满意	3 一般	4 有点满意	5 很满意
	9	与你的兴趣和能力相关的职业	1 很不满意	2 有点不满意	3 一般	4 有点满意	5 很满意

(续表)

维度	序号	题项	评分				
重点（你的确定程度）	10	你清楚哪种工作最适合自己	1 很不确定	2 比较不确定	3 一般	4 比较确定	5 很确定
	11	你清楚自己想为哪种类型的组织工作	1 很不确定	2 比较不确定	3 一般	4 比较确定	5 很确定
	12	你清楚知道自己想从事的职业	1 很不确定	2 比较不确定	3 一般	4 比较确定	5 很确定
	13	你清楚知道自己对具体组织的偏好	1 很不确定	2 比较不确定	3 一般	4 比较确定	5 很确定
	14	你清楚知道自己最喜欢的职位	1 很不确定	2 比较不确定	3 一般	4 比较确定	5 很确定
有目标的系统探索（在过去3个月里，你采取以下行为的频率）	15	尝试不同的职业活动	1 很少	2 一点	3 中等	4 较多	5 很多
	16	寻求展示技能的机会	1 很少	2 一点	3 中等	4 较多	5 很多
	17	试过不同的工作角色，只是想看看自己是否喜欢	1 很少	2 一点	3 中等	4 较多	5 很多
环境探索（在过去3个月里，你采取以下行为的频率）	18	调查获得各种职业的可能性	1 很少	2 一点	3 中等	4 较多	5 很多
	19	参加各种职业介绍会	1 很少	2 一点	3 中等	4 较多	5 很多
	20	获得有关具体工作或公司的信息	1 很少	2 一点	3 中等	4 较多	5 很多
	21	在自己职业领域与专家展开交流	1 很少	2 一点	3 中等	4 较多	5 很多
	22	获得自己职业领域的劳动力市场信息和就业机会	1 很少	2 一点	3 中等	4 较多	5 很多
	23	努力获取关于感兴趣的具体职业领域的资料	1 很少	2 一点	3 中等	4 较多	5 很多

(续表)

维度	序号	题项	评分				
自我探索（在过去3个月里，你采取以下行为的频率）	24	思考如何把过往经历与未来的职业发展相结合	1 很少	2 一点	3 中等	4 较多	5 很多
	25	思考自己适合做什么工作	1 很少	2 一点	3 中等	4 较多	5 很多
	26	回顾自己的过往	1 很少	2 一点	3 中等	4 较多	5 很多
	27	思考自己的职业生涯道路	1 很少	2 一点	3 中等	4 较多	5 很多
	28	重新分析自己过去行为与未来职业的相关性	1 很少	2 一点	3 中等	4 较多	5 很多
考虑的职业数目	29	你调查了多少个职业领域	1个	2个	3个	4个	5个及以上
雇佣观（就业可能性如何）	30	你喜欢的工作	1 很不好	2 比较不好	3 一般	4 比较好	5 很好
	31	你喜欢的组织	1 很不好	2 比较不好	3 一般	4 比较好	5 很好
	32	你喜欢的行业	1 很不好	2 比较不好	3 一般	4 比较好	5 很好
结果不确定性	33	你喜欢的具体工作（如注册会计师）	1 很不确定	2 比较不确定	3 一般	4 比较确定	5 很确定
	34	你喜欢的具体公司或组织	1 很不确定	2 比较不确定	3 一般	4 比较确定	5 很确定
	35	你喜欢的具体行业（如会计、营销）	1 很不确定	2 比较不确定	3 一般	4 比较确定	5 很确定
频率	36	在过去的几个月里，平均每周有多少次专门搜寻职业相关信息	5次及以下	6—10次	11—15次	16—20次	21次及以上
方法工具（通过以下活动实现职业目标的概率）	37	详细规划求职计划	1 概率很低	2 概率较低	3 中等	4 概率较高	5 概率很高
	38	制定具体的调查程序	1 概率很低	2 概率较低	3 中等	4 概率较高	5 概率很高
	39	列出面试时可能会遇到的问题	1 概率很低	2 概率较低	3 中等	4 概率较高	5 概率很高
	40	系统调查目标职业领域的关键公司	1 概率很低	2 概率较低	3 中等	4 概率较高	5 概率很高

(续表)

维度	序号	题项	评分				
内部探究手段（通过以下活动实现职业目标的概率）	41	为了找到一份符合自己需求的工作，进行自我评估	1 概率很低	2 概率较低	3 中等	4 概率较高	5 概率很高
	42	更多地了解自己	1 概率很低	2 概率较低	3 中等	4 概率较高	5 概率很高
	43	了解自己过去行为对未来职业的全新相关性	1 概率很低	2 概率较低	3 中等	4 概率较高	5 概率很高
	44	思考自己适合做什么工作	1 概率很低	2 概率较低	3 中等	4 概率较高	5 概率很高
外部探究手段（通过以下活动实现职业目标的概率）	45	获得自己职业领域的劳动力市场信息和就业机会	1 概率很低	2 概率较低	3 中等	4 概率较高	5 概率很高
	46	主动与朋友和亲戚谈论职业	1 概率很低	2 概率较低	3 中等	4 概率较高	5 概率很高
	47	与其他同学交流参与的面试	1 概率很低	2 概率较低	3 中等	4 概率较高	5 概率很高
获得偏好职位的重要性	48	做自己喜欢的工作	1 很不重要	2 比较不重要	3 一般	4 比较重要	5 很重要
	49	在一个具体的组织中崭露头角	1 很不重要	2 比较不重要	3 一般	4 比较重要	5 很重要
	50	在自己喜欢的行业中工作	1 很不重要	2 比较不重要	3 一般	4 比较重要	5 很重要
	51	在一个具体的职位上崭露头角	1 很不重要	2 比较不重要	3 一般	4 比较重要	5 很重要
	52	在自己喜欢的组织中工作	1 很不重要	2 比较不重要	3 一般	4 比较重要	5 很重要
探索压力（相对于你不得不面对的其他重大问题，以下情况给你造成了多少不必要的压力）	53	探索一个具体的工作岗位	1 2	3	4	5	6 7
	54	参加一个公司的面试	1 2	3	4	5	6 7
	55	找工作	1 2	3	4	5	6 7

(续表)

维度	序号	题项	评分						
决策压力（相对于你不得不面对的其他重大问题，以下情况给你造成了多少不必要的压力）	56	决定自己想做什么	1	2	3	4	5	6	7
	57	决定从事什么行业	1	2	3	4	5	6	7
	58	决定从事具体的工作	1	2	3	4	5	6	7
	59	决定在某一具体的组织中工作	1	2	3	4	5	6	7

参考资料：

Stumpf, S. A., Colarelli, S. M. & Hartman, K. (1983). Development of the Career Exploration Survey (CES). *Journal of Vocational Behavior*, 22(2), 191-226.

第8章

职业认同状态测量

蒋新玲[*]

1. 简介

职业认同是个体整体身份认同的关键构成部分,建立职业认同是个体从青少年向成年过渡的核心历程之一。Holland(1997)认为职业认同是个体对自己的职业目标、兴趣和才能的清晰而稳定的认知。随着概念的演变,职业认同状态逐渐囊括个体的职业探索、职业承诺和职业再考虑等方面的内容。个体的职业认同状态不仅关系到其身份认同状态,还与其工作价值感和幸福感息息相关。

基于身份认同研究的 Marcia 模型、Luyckx 模型、Meeus 模型,职业认同状态测量(Vocational Identity Status Assessment, VISA)建立在六因子结构模型之上,包括三个分量表(职业探索、职业承诺、职业再考虑),一共有六个维度,适用于评估青年群体的职业认同状态。六个维度中,广度职业探索指的是个体对不同类型职业的思考和探索;深度职业探索指的是个体对自己与某一具体职业在兴趣、优势等多个方面匹配的思考和探索;做出职业承诺指的是个体对某一具体职业做出承诺及其对承诺程度的感知;认同职业承诺指的是个体对职业承诺的认同程度;职业自我怀疑指的是个体对自己的职业选择和成为劳动者的不确定程度的感知;职业灵活性指的是个体对自己的职业选择在未来发生变化的预期和开放程度的感知。

2. 信度与效度

VISA 分量表的内部一致性系数为 0.72—0.88,具有较好的预测效度(核心自我评价、抑郁、焦虑和压抑、幸福感、工作价值感)。

---

[*] 蒋新玲,中国人民大学劳动人事学院博士研究生。

3. 量表内容

职业认同状态测量量表如表 3-8-1 所示,该量表旨在衡量你当前的职业认同的相关情况,请你根据自己的实际感受,对下列题项表述进行评价和判断,选择最符合自身实际情况的选项。

表 3-8-1 职业认同状态测量量表

维度	序号	题项	非常不符合	不符合	不确定	符合	非常符合
广度职业探索	1	我正在随意了解自己不熟悉的职业,以便找到新的可探索的职业	1	2	3	4	5
	2	我正在尝试拥有许多不同的经历,以便我能够找到几个可能适合自己的职业	1	2	3	4	5
	3	我正在思考自己如何与许多不同的职业相匹配	1	2	3	4	5
	4	我正在去了解自己可能喜欢的各种工作	1	2	3	4	5
	5	我了解各种工作时保持选择的开放性	1	2	3	4	5
深度职业探索	6	在思考职业生涯时,我会识别自己的最大优势和才能	1	2	3	4	5
	7	我正在尽可能多地了解自己最感兴趣的职业对教育水平的具体要求	1	2	3	4	5
	8	我正在了解自己可以做些什么来提高我从事理想职业的机会	1	2	3	4	5
	9	我正在努力寻找与自己有相同职业兴趣的人	1	2	3	4	5
	10	我正在思考工作中对我来说很重要的方面	1	2	3	4	5
做出职业承诺	11	我知道什么样的工作最适合自己	1	2	3	4	5
	12	没有其他职业能像自己理想的职业那样吸引我	1	2	3	4	5
	13	我早就知道什么职业最适合自己	1	2	3	4	5
	14	没有人能改变我对自己所选择的职业的看法	1	2	3	4	5
	15	我已经投入大量的精力为自己所选择的职业做准备	1	2	3	4	5
认同职业承诺	16	我的职业将帮助我实现深层的个人目标	1	2	3	4	5
	17	我的家人对我将从事自己所选择的职业很有信心	1	2	3	4	5
	18	成为我所选择职业的从业者将使我成为自己梦想成为的人	1	2	3	4	5
	19	我选择的职业能使我忠于自己的价值观	1	2	3	4	5
	20	我的职业选择将使我能够拥有自己希望的家庭生活	1	2	3	4	5

(续表)

维度	序号	题项	非常不符合	不符合	不确定	符合	非常符合
职业自我怀疑	21	对选择职业的思考让我感到不安	1	2	3	4	5
	22	当我与别人分享自己的职业规划时,我不会非常坦诚	1	2	3	4	5
	23	当我和别人分享自己的职业规划时,那些真正了解我的人似乎对我说的话表示怀疑	1	2	3	4	5
	24	我怀疑自己能否找到适合自己的职业	1	2	3	4	5
	25	我可能无法得到自己真正想要的工作	1	2	3	4	5
职业灵活性	26	我的工作兴趣在未来可能会改变	1	2	3	4	5
	27	我在工作中看重的东西在未来可能会发生变化	1	2	3	4	5
	28	我可能会改变自己的职业目标	1	2	3	4	5
	29	我的职业选择可能会与自己的预期不同	1	2	3	4	5
	30	在做出职业选择之前,我还需要学习很多东西	1	2	3	4	5

参考资料:

Holland, J. (1997). *Making vocational choices: A theory of vocational personalities and work environments* (3rd). Odessa, FL: Psycho-logical Assessment Resources.

Porfeli, E. J., Lee, B., Vondracek, F. W. & Weigold, I. K. (2011). A multidimensional measure of vocational identity status. *Journal of Adolescence*, 34 (5), 853-871.

第9章

动态生涯量表

蒋新玲[*]

1. 简介

在经济和社会全球化的大背景下,职业发展所面临的环境充满复杂性和不确定性。个体在与工作环境动态互动、进行职业调整的过程中,无意识的心理动态过程会影响其职业决策和职业发展策略,并最终作用于职业调整。动态生涯量表(Dynamic Career Scale, DCS)能够衡量个体在职业调整过程中遇到挑战和阻碍的工作情景时表现出来的心理动态反应模式,为职业评估和职业干预提供了一种有效的心理动态工具。

基于客体关系理论,DCS 建立在嫉妒、狂热、狂热补偿和真实补偿四个心理动态反应模式维度之上,每个维度包含 4 个题项。该量表适用于自由职业者和企业雇员,用来评价其在应对所设定的常见工作情景(工作寻找和建立、工作评估和反馈、工作成就和成功、工作晋升和提拔)中面临挑战和阻碍时的心理动态反应模式。

2. 信度与效度

动态生涯分量表的内部一致性系数为 0.63—0.78,具有较好的内容效度和预测效度(职业适应力、工作自我效能、工作满意度等)。

3. 量表内容

动态生涯量表如表 3-9-1 所示。请你根据自己的实际感受,设想在面临以下每一个与工作相关的情景时,自己出现题项所描述的想法的程度。第 1、5、9、13 题的工作情景为"尽管认为自己表现良好,但工作面试并不顺利",第 2、6、10、

---

[*] 蒋新玲,中国人民大学劳动人事学院博士研究生。

14题的工作情景为"尽管认为自己做得很好,但工作却得到负面评价",第3、7、11、15题的工作情景为"尽管自己已经努力工作,但没有完成被分配的工作任务",第4、8、12、16题的工作情景为"尽管认为自己已努力工作,但并没有获得预期的工作改进"。

表3-9-1 动态生涯量表

维度	序号	题项	完全不符合	比较不符合	有些不符合	不确定	有些符合	比较符合	完全符合
嫉妒	1	没关系,我不认为其他人做得更好	1	2	3	4	5	6	7
	2	这又不是世界末日,我不认为其他人有能力做好	1	2	3	4	5	6	7
	3	我就知道,无论如何,没人能做得更好了	1	2	3	4	5	6	7
	4	我不会为此哭泣,我不相信其他人会有更好的运气	1	2	3	4	5	6	7
狂热	5	这个工作机会并非真的有趣	1	2	3	4	5	6	7
	6	如果我必须同这些人打交道,我宁愿做得不好	1	2	3	4	5	6	7
	7	如果我必须继续做无用的事情,我宁愿没有这份工作	1	2	3	4	5	6	7
	8	没关系,反正我也不会从中获得任何经济上的好处	1	2	3	4	5	6	7
狂热补偿	9	我是最适合这份工作的人,我会证明自己的才能	1	2	3	4	5	6	7
	10	我相信自己的能力,我会用工作质量来证明	1	2	3	4	5	6	7
	11	我知道自己的真实价值,我会完成其他工作任务	1	2	3	4	5	6	7
	12	我知道自己很有天赋,我会实现自己的目标	1	2	3	4	5	6	7

(续表)

维度	序号	题项	完全不符合	比较不符合	有些不符合	不确定	有些符合	比较符合	完全符合
真实补偿	13	很抱歉,我会努力克服缺点并提升自己的能力	1	2	3	4	5	6	7
	14	很抱歉,我会更加努力地克服我的缺点	1	2	3	4	5	6	7
	15	如果我想提升自己的能力,那么我需要了解我做错了什么	1	2	3	4	5	6	7
	16	我会更努力,以使自己在未来配得上这份工作	1	2	3	4	5	6	7

参考资料:

Caputo, A., Fregonese, C. & Langher, V. (2020). Development and validation of the Dynamic Career Scale (DCS): A psychodynamic conceptualization of career adjustment. *International Journal for Educational and Vocational Guidance*, 20(2), 263-292.

Holland, J. (1997). *Making vocational choices: A theory of vocational personalities and work environments* (3rd). Odessa, FL: Psycho-logical Assessment Resources.

第10章

职业投入量表

刘雅真[*]

1. 简介

过去三十多年职业性质的变化,使得个体越来越需要自己对职业的成功负责。这一趋势增加了个体参与主动职业行为以实现客观和主观职业成功的动机。Hirschi et al.(2013)将职业参与度定义为个体积极发展职业的程度,表现为不同的职业行为。职业投入的概念推动了当前对主动职业行为的研究。虽然职业投入与职业管理的几个现有概念和测量相关,但它提供了一个独特的视角来看待职业行为,值得开发和验证用于职业研究和咨询实践的相应量表。职业投入量表(Career Engagement Scale,CES)用于测量个体的职业投入程度,适用于在读大学生、在职专业人士和大学毕业生。

2. 信度与效度

职业投入量表的内部一致性系数为0.89,具有良好的信度与区分效度(职业自我效能信念、职业认同清晰度),以及较好的预测效度(工作满意度、职业满意度、主观职业成功)。

3. 量表内容

职业投入量表如表3-10-1所示。职业投入量表旨在衡量职业投入,请你根据自己的实际感受和体会,对题项表述进行评价和判断,选择最符合自身实际情况的选项。

---

[*] 刘雅真,中国人民大学劳动人事学院博士研究生。

表 3-10-1 职业投入量表

序号	题项	非常不符合	不符合	不确定	符合	非常符合
1	我会积极努力地塑造自己的职业未来	1	2	3	4	5
2	我会为实现职业目标而努力	1	2	3	4	5
3	我会关心自身的职业发展	1	2	3	4	5
4	我会为未来的职业生涯制定计划和目标	1	2	3	4	5
5	我会真诚思考个人价值观、兴趣、能力和弱点	1	2	3	4	5
6	我会收集有关雇主、职业发展机会或就业市场的信息	1	2	3	4	5
7	我会与能够帮助我职业发展的专业人士建立或保持联系	1	2	3	4	5
8	我会自愿参加进修、培训或其他活动以促进自己的职业发展	1	2	3	4	5
9	我会承担(或接受)有助于专业进步的职责(或职位)	1	2	3	4	5

参考资料：

Hirschi, A., Freund, P. A. & Herrmann, A.（2013）. The Career Engagement Scale: Development and validation of a measure of proactive career behaviors. *Journal of Career Assessment*, 22(4), 575-594.

第11章

组织生涯管理量表

姜 男[*]

1. 简介

在新职业生涯时代,不稳定性和动态性导致雇员—雇主的长期雇佣关系逐渐瓦解,培育人才和留住人才比以往任何时候都显得更为重要,而组织生涯管理则是组织吸引和留住人才的一个广泛使用的工具。Zhou et al.(2022)把组织生涯管理定义为"由当前所在组织实施的、旨在开发员工潜力、帮助员工实现自我价值的一系列管理手段",并在此基础上开发了组织生涯管理量表(Organizational Career Management Scale,OCMS)。

2. 信度与效度

运用探索性因子分析可得到 OCMS 的四个因子,即无边界工作、工作—家庭平衡政策、培训与发展、工作多样化。OCMS 的内部一致性系数为 0.914,四个因子的内部一致性系数分别为 0.855、0.797、0.765、0.827,四个因子的累计方差解释率为 63.12%。验证性因子分析结果表明,卡方自由度(c^2/df)= 1.49,标准均方根残差(SRMR)= 0.039,比较拟合指数(CFI)= 0.976,Tucker-Lewis 指数(TLI)= 0.967,近似误差均方根(RMSEA)= 0.048,各项拟合指标都达到较为理想的水平。此外,四个因子的 AVE 值分别为 0.662、0.574、0.526、0.653,表明量表具有良好的聚合效度;四个因子的 AVE 值的算数平方根大于各维度之间的相关系数,表明量表具有良好的区分效度。

3. 量表内容

组织生涯管理量表如表 3-11-1 所示。请你根据自己的实际感受和体会,用

---

[*] 姜男,中国人民大学劳动人事学院博士研究生,广西民族大学管理学院讲师。

下面12个题项对你所在组织实施的管理方法进行评价和判断,选择最符合你实际情况的选项。

表 3-11-1 组织生涯管理量表

维度	序号	题项	非常不符合	不符合	不确定	符合	非常符合
无边界工作	1	组织提供灵活的工作合同,允许员工在多家公司兼职	1	2	3	4	5
	2	组织鼓励员工自主创业或提出新想法	1	2	3	4	5
	3	组织为员工提供灵活的工作时间和地点	1	2	3	4	5
工作—家庭平衡政策	4	组织为有子女的员工提供一些便利设施	1	2	3	4	5
	5	组织为员工家属提供一些福利,如购买医疗保险等	1	2	3	4	5
	6	组织为员工提供促进身心健康的劳动保护措施	1	2	3	4	5
培训与发展	7	组织开展各种培训计划,如新入职培训、领导力培训等	1	2	3	4	5
	8	组织为新员工制订辅导计划,如导师制	1	2	3	4	5
	9	组织为员工补贴培训或教育费用	1	2	3	4	5
工作多样化	10	组织根据员工的能力适当调整工作内容	1	2	3	4	5
	11	组织为员工分配需要多样化技能的任务	1	2	3	4	5
	12	员工可以通过申请或考核等方式更改工作内容或职位	1	2	3	4	5

参考资料:

Zhou, W. X., Zhao, Q. L., Jiang, N. & Lin, P. X. (2022). Organizational career management in the new career era: Scale development and validation. *Asia Pacific Journal of Human Resources*, 60(4), 764-787.

第12章

感知的社会自我效能感

孟 慧[*]

1. 简介

无论是在大学还是在职场中,人际交往的要求和挑战都是人们要面对的重要生涯任务,个体必须建立和保持自己对人际交往的信心,才有动力和勇气投入其中、融入环境,实现良好的社会适应。社会自我效能感(Social Self-efficacy,SSE)就被定义为个体对自己参加社交活动、在社交互动中建立与维持人际关系的能力的信心。作为一种特殊的内部资源,社会自我效能感是个体对自身社交能力和自己在人际交往中的行为表现的一种主观认知,影响着个体在社交情境中对自身人际交往能力的应用和发挥以及建立与维系人际关系的能力。

基于上述定义,Smith & Betz(2000)开发了感知的社会自我效能感(Perceived Social Self-efficacy, PSSE)量表。PSSE量表包括六类社交情景,建立在单因子结构模型之上,使用者可用PSSE量表评估自己相对稳定的人际交往能力,适用于大学生及进入职场的成年人。

2. 信度与效度

PSSE量表的内部一性系数为0.92—0.95,受访者的三周后重测信度范围为0.78—0.82,表明该量表具有好的信度。此外,该量表也具有较好的预测效度,能够有效预测社会适应、主观幸福感、学业表现等结果变量。

3. 量表内容

感知的社会自我效能感量表如表3-12-1所示。请仔细阅读下面每一个题项,然后确定你能够成功地完成每个题项所陈述的行为或活动的信心。这里我

---

[*] 孟慧,华东师范大学心理与认知科学学院教授,博士生导师。

们关心的不是你在现实生活中是否会去做这些行为或活动,而是如果你需要或想要去做这些行为或活动,你有没有信心成功地完成它。

表 3-12-1 感知的社会自我效能感量表

序号	题项	完全没有信心	几乎没有信心	有一定的信心	比较有信心	完全有信心
1	主动与不太认识的人攀谈	1	2	3	4	5
2	向一群正在讨论你感兴趣话题的人表明你对这一话题的看法	1	2	3	4	5
3	在学生社团里与自己不熟悉的人一起执行项目或活动	1	2	3	4	5
4	使(你)刚认识的人自在地融入你的朋友圈	1	2	3	4	5
5	将自己置于新的社交场合	1	2	3	4	5
6	义务地主动帮助别人组织一场活动	1	2	3	4	5
7	找一群你认识的正在计划某一群体活动(如看电影、逛街、打球等)的人,并询问自己能否加入其中	1	2	3	4	5
8	向他人表达自己的感受	1	2	3	4	5
9	义务地主动帮助别人领导一个团体或组织	1	2	3	4	5
10	在与别人交谈时,使谈话继续下去,不至于冷场	1	2	3	4	5
11	参与群体活动	1	2	3	4	5
12	与一群人分享你以前的有趣经历	1	2	3	4	5
13	设法获邀出席由你周围很受欢迎的人举办的聚会	1	2	3	4	5
14	加入一群已经就座并在交谈的人	1	2	3	4	5
15	出席你可能不认识任何人的聚会或社交活动	1	2	3	4	5
16	在需要帮助时向别人求助	1	2	3	4	5
17	与同龄人交朋友					
18	向你心仪的异性发出约会邀请	1	2	3	4	5
19	到由相互认识的人们组成的圈子里结交朋友	1	2	3	4	5
20	再一次邀请某人外出,尽管你第一次邀请时,他/她为太忙而没答应你	1	2	3	4	5
21	邀请到一位异性朋友参加你的朋友们也会去的舞会	1	2	3	4	5
22	主动打电话给你见过并想进一步交往的异性	1	2	3	4	5
23	邀请可能成为你朋友的人外出喝茶	1	2	3	4	5
24	使初次到你家做客的人感到放松自在	1	2	3	4	5
25	找到一群正在打排球的人(你并不认识他们/她们),询问自己能否一起玩	1	2	3	4	5

参考资料：

Fan, J., Meng, H., Gao, X., Lopez, F. J. & Liu, C. (2010). Validation of a U. S. Adult Social Self-efficacy Inventory in Chinese populations. *The Counseling Psychologist*, 38(4), 473-496.

Smith, H. M. & Betz, N. E. (2000). Development and validation of a scale of perceived social self-efficacy. *Journal of Career Assessment*, 8, 283-301.

第13章

实 习 质 量

潘静洲[*]

1. 简介

实习是个体从校园进入社会的重要过渡阶段和社会实践。Pan et al. (2018) 借助 Hackman & Oldham (1974) 提出的工作特征模型 (Job Characteristics Model, JCM),提出实习质量 (Internship Quality) 这一概念,并开发出测量工具。实习质量概念的基本逻辑是:高质量的实习会给学生承担多项任务的机会,让他们能够获取促进职业发展的工作技能(技能多样性,Skill Variety);使学生能够更好地理解不同任务之间的关系,并形成对工作的整体看法(任务认同,Task Identity);帮助学生了解工作对组织或其他人的影响程度(任务重要性,Task Significance);给予学生选择任务完成顺序和完成方式的自由度(自主性,Autonomy);为学生提供有关其工作成果的有效性信息(反馈特征,Feedback)。高质量的实习可以为学生提供有关工作环境的各种类型的信息,并促进其职业发展。Pan et al. (2018) 基于实习质量的评价模型,开发了评价实习质量的测量工具,该测量工具经过了多轮专业测试。

2. 信度与效度

实习质量量表的内部一致性系数为 0.68,$c^2/df = 2.45$,RMSEA = 0.088,CFI = 0.92,非基准拟合指数(NNFI) = 0.92,表明该量表具有好的内部一致性以及较好的预测效度。

3. 量表内容

实习质量量表如表 3-13-1 所示。量表是关于你实习状况的调查,题项描述

---

[*] 潘静洲,天津大学管理与经济学部组织与战略管理系副教授。

没有好坏对错之分,请选择最符合你实际情况的选项。

表 3-13-1　实习质量量表

序号	题项	非常不符合	不符合	不确定	符合	非常符合
1	实习过程中要用到很多复杂或高水平的技能	1	2	3	4	5
2	实习内容是丰富多样的	1	2	3	4	5
3	实习过程中,有很多机会去做不一样的事情	1	2	3	4	5
4	实习工作的成果会在一些很重要的方面影响到其他人	1	2	3	4	5
5	实习工作完成的好坏会对很多人产生影响	1	2	3	4	5
6	实习过程中,没有机会从头到尾去做工作中的各部分	1	2	3	4	5
7	实习过程中,通常开始一项工作之后,得由别人来最终完成它	1	2	3	4	5
8	实习过程中,通常得去接手由别人开始的工作	1	2	3	4	5
9	实习过程中,有很多机会去独立自主地决定如何完成交给自己的任务	1	2	3	4	5
10	实习过程中,能够不依赖其他人独立完成相关工作	1	2	3	4	5
11	实习过程中,可以独立自主地思考并采取行动	1	2	3	4	5
12	实习过程中,可以从上级或同事那里最大限度地获得关于自己工作表现的信息	1	2	3	4	5
13	实习过程中,有很多机会了解自己工作做得怎么样	1	2	3	4	5

参考资料:

Pan, J., Guan, Y., Wu, J., Han, L., Zhu, F., Fu, X. & Yu, J. (2018). The interplay of proactive personality and internship quality in Chinese university graduates' job search success: The role of career adaptability. *Journal of Vocational Behavior*, 109(6), 14-26.

Hackman, J. R. & Oldham, G. R. (1974). The Job Diagnostic Survey: An instrument for the diagnosis of jobs and the evaluation of job redesign projects. *Affective Behavior*, 4, 87.

第四篇
生涯建构

第1章

生 命 线

蒋新玲[*]

1. 简介

生命线(Life Line)是一种职业探索的方法或工具,旨在揭示个人从过去的事件中获得了什么启发,同时考虑这些事件如何影响个人当前和未来的生活。生命线职业咨询方法来自Brott(2001)的故事式方法(The Storied Approach)。Brott(2001)通过故事式方法提出了她对职业咨询的建构主义观点,反映了从找到工作到找到自我的转变、从心理测量自我到故事式自我的转变、从获取信息到产生经验的转变,以及从客观到主观的转变。她认为,可以将来访者提出的有关职业生涯的问题理解为受到各种情境因素(即生活角色)影响的生活问题,并且来访者关注的这些生活问题与其终生发展(即来访者的故事)相关。基于主观咨询视角(即来访者是自己生活中的专家),来访者定义他们自己及其环境,创造他们自己的故事。在咨询过程中,咨询师通过语言引导和对话,帮助来访者利用知识创造和意义建构的方式来探索他所叙述的故事中的自我。Brott(2001)将咨询过程分为三个相互交织的阶段:共建(Co-construction)、解构(De-construction)、建构(Construction)。

在共建阶段,来访者和咨询师合作,共同探究来访者过去和现在所经历的故事。咨询师倾听并开始加深对来访者所表述的理解,主要的经历、事件、人物和话语都会被记录下来。

在解构阶段,咨询师从不同的角度看待来访者故事中的内容。在这一阶段,来访者和咨询师开始识别来访者生命历程中故事的模式和主题,并在它们之间建立起联系;同时,咨询师和来访者还可以进一步探索在共建阶段尚未发掘的故事。

进入建构阶段后,咨询师邀请来访者撰写其未来的故事(即未来方向)。通过这一阶段,咨询师帮助来访者构建未来他们希望看到的职业发展方向,同时最

---

[*] 蒋新玲,中国人民大学劳动人事学院博士研究生。

小化或者消除他们不希望的状况。

2. 生命线的作用

生命线是有用的定性职业咨询工具,用于帮助来访者构建过去的事件,探索可能影响其未来职业决策的主题。Gibson(2000)认为,我们在生活中的经历影响着我们对事件的解释以及我们对世界的看法。在我们的经历中,职业选择往往因过去经历的混乱、困惑、不确定和限制而变得复杂。构建一条生命线有助于帮助来访者整理事件、考虑家庭模式和人际关系、思考自身的优势和潜力,这些都有助于一个人在未来的职业旅程中做出决策。作为遵循故事式方法的一种职业咨询工具,生命线可以帮助来访者和咨询师构建这些精心编织的故事,以便更好地探索与重大事件相关的故事序列,并探索这些事件对来访者未来职业道路的可能影响。

3. 使用方法和步骤

构建生命线的方式多种多样,往往取决于来访者的个性和咨询师的风格。有学者发现,将生命线和职业生涯图结合使用是最有效的,因为它们提供了有关家庭、星座、遗传特征和个人发展的跨代主题的信息。使用职业生涯图进行职业咨询,有助于探索家庭动力中可能影响来访者职业决策过程的动机因素(Gibson, 2005)。职业生涯图是一种手工绘制或在计算机上开发的视觉描绘器,呈现构成家庭一部分的个人和家庭成员之间的关系——可以使用各种符号来描述不同的家庭成员及其关系。

在绘制职业生涯图之后,咨询师可以通过解释过去如何影响未来,以及来访者在职业探索和职业选择时需要考虑的自身的历史和过去经历,引入生命线的概念。通过在生命线上按照时间顺序构建来访者所经历的生活事件或重大事件(Chope, 2005),咨询师可以帮助来访者探索这些事件在多大程度上影响其职业道路。

在职业咨询过程中建立一条生命线,对那些需要提示和引导问题以帮助其回顾过去生活的来访者是有益的。有许多方法可以创建生命线,来访者应该被允许自由创作。构建生命线的一个基本方法是将一张 A4 纸水平翻转过来,在纸的中间从左到右画一条水平线。另一种可能的方法是以从过去到现在的顺序(反之亦可)从头到尾记下一个人一生中的重大事件。在咨询案例中,绘制的线被划分为不同的生命阶段(这里需要考虑到来访者的年龄),咨询师可以引导来访者识别出积极的经历或高光时刻并在这条线上的上方标识出来,同时识别出消极经历并在这条线的下方标识出来。咨询师可以参考以下引导语:

"我希望你创造一条自己的生命线,从你出生、婴儿期开始,到你的小学和中学经历,再到你的成年早期,直到现在。你的生命线可以水平地画在一张A4纸中间,根据一种对于你更有作用的方式,将你的生命线按年份或阶段进行划分;然后指出你经历的积极和消极的经历,并在生命线的上方标识出积极的经历,在生命线的下方标识出消极经历。"

一条典型的生命线如图4-1-1所示。

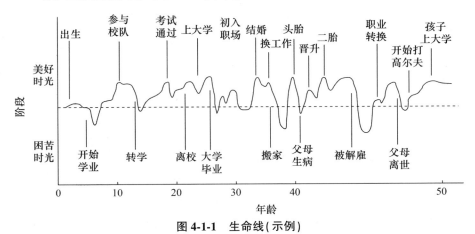

图4-1-1　生命线(示例)

有些来访者可能更倾向于先自己构建好生命线,然后直接用于职业咨询。这样做可以节省绘制生命线的时间,但是咨询师应注意不要匆忙完成解读生命线的任务,因为来访者可能忽视了重要的方面。因此,咨询师可以通过提出一些质疑性的问题来揭示那些可能被忽视的与职业生涯有关的重要经历,同时这些问题也是个体在构建生命线的过程中需要考虑的:

(1)在每个事件中,谁是重要的角色扮演者?
(2)这个事件对你而言有什么重大意义?
(3)在这个事件中你表现出哪些情绪?
(4)这个事件如何影响你的生活?
(5)基于这个事件你做了什么决定?
(6)根据你的生命线,你确定了哪些主题?
(7)这些主题分别在你的生命线的哪个阶段呈现?
(8)对你而言,这些主题传达了什么含义?
(9)这些主题是如何影响你人生道路的?

（10）考虑到你的生命线可以帮助你走向未来,你在绘制生命线的过程中收获了什么?

与来访者一起探索生命线之后,职业咨询师可以引导来访者思考其未来职业决策中可能存在的阻碍因素,例如未来的不确定性或自尊心欠缺(Chope,2005)。然后,职业咨询师可以引导来访者基于生命线中已识别的主题和收获,引导来访者构建他们的未来生命线。在这一过程中,通过向来访者提供某些结构化的参考,获得来访者更为详尽的回应。职业咨询师可以通过提醒来访者注意住房、教育、工作等因素,或者在初始生命线中确定的任何突出主题来帮助来访者构建未来生命线。未来生命线能够帮助来访者制定现实的目标,有助于他们实现未来的职业抱负。

参考资料:

Brott, P. E. (2004). Constructivist assessment in career counseling. *Journal of Career development*, 30(3), 189-200.

Brott, P. E. (2001). The storied approach: A postmodern perspective for career counseling. *The Career Development Quarterly*, 49(4), 304-313.

Chope, R. C. (2005). Qualitatively assessing family influence in career decision making. *Journal of Career Assessment*, 13(4), 395-414.

Fritz, E., Van, Zyl. G. (2015). *Lifelines: A Visual Exploration of the Past in Order to Guide the Journey into the Future Career Assessment*. Brill Sense.

Gibson, D. M. (2005). The use of genograms in career counseling with elementary, middle, and high school students. *The Career Development Quarterly*, 53(4), 353-362.

Gibson, D. (2000). Narrative strategies in career education. *Australian Journal of Career Development*, 9(1), 35-39.

第2章

职业风格访谈

蒋新玲*

1. 简介

选择和进入一个职业本质上是一个澄清与践行工作自我概念的过程（Super，1951，1953）。与这一命题一致，咨询师通过开发和使用各种心理测量工具及量表，加速来访者的自我理解过程。通过测试对职业兴趣、需求、价值观和能力进行客观评估与解释，确实已成为职业咨询的常见做法。测量个体差异是职业咨询的特质和因素模型的核心组成部分。

对广泛的、非情景化的个体特征（如兴趣、需求、价值观和能力）进行评估，可以反映个体行为的基本倾向。这些行为倾向可以被概念化为个体差异的结构基础（Cantor，1990；McAdams & Pals，2006）。但是客观测量的结果只为咨询师提供了个体个性和自我概念的总体轮廓。例如，Holland（1997）的现实型、研究型、艺术型、社会型、企业型、常规型（RIASEC）职业兴趣类型被广泛地纳入许多职业兴趣调查清单。通常，咨询师会检查 RIASEC 量表上的三个最高得分，以确定来访者的职业人格。然而，尽管两个来访者可能都类似于 SAE 类型，但他们不太可能有相同的动机、目标、奋斗、适应策略或自我形象（Savickas，1995b）。事实上，人们的职业兴趣或职业人格不完全由他们在职业兴趣清单和测试上的得分决定。因此，理解自我概念的特定语境特征有助于解释来访者的生活方式和日常行为。为了有效地帮助来访者澄清他们的自我概念及其在工作中的践行情况，咨询师需要了解来访者的独特性，并识别源于性格特征的特定行为。通过在职业咨询中加入情境化方法，咨询师可以更全面地了解来访者，从而为来访者提供更加实用和有效的咨询建议（Savickas，1996）。

---

* 蒋新玲，中国人民大学劳动人事学院博士研究生。

2. 职业风格访谈的作用

职业风格访谈（Career Style Interview，CSI）是一种促进个体自我认知的咨询方法或技术，能够帮助咨询师了解来访者的性格特征以及他们的生活情境。CSI植根于阿德勒个体心理学，是基于生涯建构理论角度来识别个体生活主题的关键组成部分（Savickas，2005）。

CSI将职业咨询转变为一种更强大、更主观、更具治疗性的活动，以赋予个人工作生活更多的意义。虽然职业咨询中通常使用的客观评估方法可以反映一个人的行为倾向，但CSI提供了一种情境化的方法，以帮助人们撰写自己的生活故事。McAdams（2001）指出，心理测试只可以从一个固定的方面来了解一个人的性格特征。他建议，为了更全面地了解一个人，还必须考虑他们的适应性特征，包括动机、理解和联系世界的方式，以及在其他语境下的独特品质。CSI提供了洞察来访者特征适应性的方法，能够帮助来访者更加清晰地表达自己的职业身份。同时，CSI为职业咨询师和临床心理咨询师提供了获得更完整、更有意义、更有针对性的来访者画像的机会。

3. 使用方法和步骤

CSI是一个需要咨询师与来访者合作的访谈方式，咨询师通过对来访者进行一系列提问，在问答过程中，与来访者一起验证、构建和完善来访者关于职业生涯选择和决策的生命故事。生涯风格访谈的步骤大致可以分为开场提问与回答、生命故事确定这两个步骤。

CSI本身包括一个介绍性问题，引出来访者的咨询目标和六个主要领域的问题，用于从来访者的叙述中引出理解和构建他们的生活故事。除了开头的问题，表4-2-1还列出了咨询师用来构建CSI的七个核心问题。这些核心问题涉及自我理想、偏好的社会环境、解决问题的方法、明显的兴趣、生活故事的设计、偏好的工作环境及核心关注点。当来访者以回答CSI中问题的形式讲述自我定义的故事时，咨询师会认真倾听，并提出问题使来访者的回答更加清晰，同时作出反应性陈述；咨询师还会记录下这些回答用于解释和总结，方便来访者保留。榜样揭示了来访者的自我理想，表明了来访者的生活目标，并为来访者的核心生活问题提供了可行的解决方案。杂志或电视节目表明了适合来访者风格的社会环境。书籍或电影展示了一个与来访者面临同样的问题的角色，并描述了这个角色如何成功地解决这个问题。休闲活动涉及个体自我表达和显性化的兴趣。格言或座右铭为个体经历的生活故事提供了一个标签。科目显示了个体首选的工作环境。早期记忆揭示了主导个体奋斗的中心利益或关注点。

表 4-2-1 构建 CSI 的七个核心问题

开放性问题
① 在成长的过程中,你最崇拜谁？列出你心目中的三个榜样。你欣赏这些榜样的什么？你觉得这些人怎么样？你和他们有什么不同？ ② 你经常看什么杂志？你喜欢这些杂志的什么方面？你最喜欢看什么电视节目？为什么？ ③ 你最喜欢什么书籍或电影？ ④ 空闲时间里你喜欢做什么？你的爱好是什么？你享受这些爱好的什么方面？ ⑤ 你有最喜欢的格言或座右铭吗？列出一条。 ⑥ 你在初中和高中最喜欢的科目是什么？为什么？你讨厌什么科目？为什么？ ⑦ 你最早的记忆是什么？我想听听关于你的三个故事,是关于你 3—6 岁时发生在你身上的事情。

(1) 榜样

每个人来到这个世界时,都没有关于如何生活的指导手册。因此,孩子们希望别人能为他们提供解决成长过程中遇到的问题的方法。孩子们崇拜的人物就是他们的榜样。在许多方面,榜样为设计生活提供了模板,他面临着与自己相似的困境,并且找到了解决问题的方法。通过模仿榜样,人们发展和应用相关的应对态度,并形成对某些活动的价值观和兴趣。因此,通过参与这些活动,个体的技能得到发展。了解个人为什么选择特定的榜样,就是为咨询师提供了一扇帮助来访者了解理想自我和人生目标的窗口。事实上,当人们谈论各自的榜样时,他们实际上是在谈论自己(Savickas,1989,1998)。通常,人们在构建自己的身份时会求助于不止一个榜样模型。个体会将不同角色模式的显著特征(如兴趣、态度、能力和价值观)融合在一起,然后将这些特征综合成一个有意义的整体。因此,CSI 的第一个问题集中于引出孩子崇拜的三个榜样,这些榜样最好出现在孩子 10 岁之前,因为在那个阶段孩子对生活和生活方式都充满了好奇(Erikson,1963)。被选择的榜样可以是卡通人物、超级英雄、知名人士,也可以来自某个人成长的社区。简而言之,榜样可以是真实的,也可以是虚构的;可以是著名的,也可以是相对不为人知的。榜样的来源可能多种多样,但都有一个共同点,那就是它们都是被有意选择来提供一条创造生活的道路。在讨论榜样时,我们鼓励来访者将目光投向家庭以外,因为父母和直系亲属在孩子生活中是一种必然的存在,而不是一种选择。

在来访者确定了至少三个榜样之后,下一步是要弄清楚这些人的哪些地方值得钦佩,以及他们与来访者有哪些相似之处和不同之处。后续问题反映了来访者在这些人身上看到的特征、价值观、技能和其他相关特征。重要的是，咨询师必须意识到，不要把自己的观点强加给来访者，探索应该围绕来访者的感知展开。

榜样的影响力往往具有持续性。以一个年轻人为例，他小时候很欣赏当地一个儿童卡通节目的主持人，因为这位主持人似乎能"适应"并注意到孩子们的需要。这个榜样对他人生道路的塑造尤为重要。小时候，医生过早地宣布他已死亡，直到一名护士主动提出检查，他才被发现还活着。在晚年，这个人继续培训医学生和帮助其他职场人士，了解患者和来访者的意见，并关注他们的需求。

（2）杂志或电视节目

人们喜欢的杂志或电视节目提供了一个可替代的生活环境，他们在其中自我陶醉（Savickas, 1989, 1998）。在这些刻意选择的环境中，人们培养符合自己个性风格的兴趣。许多杂志富有特色，可以吸引有特定兴趣的读者。许多专题杂志可以用 RIASEC 职业兴趣类型来概念化（Holland, 1997）。例如，《奥普拉》和《人物》等杂志向读者展示一些很有人情味的故事，并建议读者优先选择社交环境；相比之下，像《大众机械》和《户外生活》这类杂志则显示出对现实环境的偏好。因此，了解来访者订阅和始终如一地阅读哪些杂志，可以帮助他们探寻自己最喜欢的环境。偶尔，人们会说他们更喜欢像《时代》这样的杂志，或者更喜欢阅读《星期日泰晤士报》。在杂志偏好的测试中，要求来访者识别他们喜欢的部分或首先阅读的部分，以预示来访者的偏好。在这一过程中，咨询师可以通过精心设计的问题来揭示是什么吸引个人阅读特定的杂志，在来访者的杂志选择中看到一致的偏好是很常见的。例如，选择阅读《旅游与休闲》杂志的来访者可能也喜欢阅读《纽约时报》的旅游板块。

一些来访者可能无法回想起他们一贯阅读的杂志，他们可能更容易识别自己经常观看的一些电视节目。讨论个人最喜欢的电视节目为咨询师帮助来访者确定一个首选的环境提供了新的路径。在这个过程中，咨询师通过提出问题，了解来访者所期望的环境的具体特征。例如，当询问一位自称法律和秩序坚定支持者的来访者"你喜欢的节目是什么？"，他可能会回答他喜欢"由一群人一起解决看起来不可能解决的问题"这种类型的节目。这个答案可能揭示个体对社会环境的偏好。

（3）书籍或电影

人们经常被一本描述与自己类似困境的书吸引（Savickas, 1989, 1998）。来访者受某本书吸引其实也体现了他对书中某个角色的认同，因为这个角色成功地处理了一个看似不可能化解的困境。书中受人敬仰的角色可能会形成一个自我理想，就像榜样一样。对于来访者来说，讨论最喜欢的书可能会非常有帮助，因为这有助于了解核心问题。这种对话可能是变革性的,因为来访者可能会将自己视为能够解决未来难题的人。正如书籍一样,探索喜爱的电影也可以成为有价值的信息来源。咨询师可以通过特定的问题获得关于来访者的主观想法和有意义的信息,这些信息可以帮助他转向更喜欢的生涯叙述。例如,"这本书/这部电影是关于什么的?""你最喜欢或欣赏书/电影中的哪个角色?""在这个角色身上,你欣赏他的哪些个人特征?""你和这个角色有什么相似或不同之处?",等等。

(4) 休闲活动

当人们可以自由地做自己,不受工作或其他生活角色的约束时,他们会怎么安排自己的时间呢?询问休闲活动提供了一个关于来访者的兴趣的信息来源。在聆听来访者有关休闲活动的回答时,重要的是要了解来访者参与特定休闲活动所扮演的角色。例如,当参与兴趣爱好活动时,来访者扮演的角色是倾听者、学习者、竞争对手、团队成员、观察者、问题解决者还是合作伙伴?特定的角色可以帮助咨询师了解来访者与环境互动的首选方式(Savickas,1989,1998)。

(5) 格言或座右铭

格言往往是生活的座右铭。人们之所以会被某些格言或座右铭吸引,很大程度上取决于这些话语在个人层面上与他们产生了共鸣。通常来说,这些格言或座右铭是个体对自己的建议,也可能是个人生活故事的标题。它们提醒我们应该做些什么让自己过上满意的生活。例如,来访者最喜欢说的"及时采集你的玫瑰花",可能会提醒个人不要忽视生活中的乐趣。其他的例子包括"待人宽容如待己""如果它没坏,就不要修理它""那些杀不死你的,只会让你更强大"。一句格言或座右铭的字面意思并不太重要,重要的是它对特定来访者的意义,以及它如何与来访者的生活匹配(Savickas,1989,1998)。

(6) 科目

询问来访者他最喜欢和最讨厌的科目,可以让咨询师洞察来访者的成绩与早期职业满意度或职业成功的关系(Savickas,1989,1998)。初中和高中实际上是一个小型的工作环境,学校的科目和职业一样,对个体有着相对不同的要求。例如,公共演讲科目不同于艺术科目,而艺术科目又不同于化学科目,等等。每个科目都为个体提供不同的工作设计和与特定子项目相关的特定任务。这些早期的工作环境为来访者提供了探索与培养初始兴趣、技能和工作习惯的机会。从这些早期经验中,来访者获得对自己所拥有能力的感知,以及进一步完善这些能力的愿望。同时,这些早期经验还可以帮助来访者了解自己的能力不适合哪些职业,或者哪些类型的职业是自己想从事的。因此,咨询师可以借助在不同工作环境下的多重互动来区分来访者在兴趣和能力方面的自我认知,因为这些认知表明来访者的首选工作环境和相关任务；同时，咨询师可以辨别来访者在考虑职业选择时可能希望避免的环境和任务。

询问来访者为什么喜欢或讨厌一个或多个特定的科目会帮助咨询师了解来访者从中学到了什么。例如，来访者可能会说他喜欢数学，因为数学提供了一组求解答案的逻辑和步骤。因此，最重要的是来访者如何感知与科目相关的任务，以及这种感知与他当前的首选工作任务之间的关系。尽管来访者可能不一定希望从事数学相关职业，但至少表明来访者喜欢使用逻辑和步骤来解决问题，这可能是个体在工作中所具有的显著特征之一。同一个来访者可能会说他讨厌艺术科目，因为艺术是非结构化的，来访者认为做艺术"没有正确的方法"，而这能够帮助咨询师进一步了解到来访者在工作中不想要什么。

在询问最喜欢的科目时，咨询师要注意这些科目的实际内容和教授这些课程的老师是有区别的。这一点很重要。来访者可能会表示喜欢某个科目是因为老师幽默、有魅力、善于讲故事，或者他有令人喜欢或敬佩的其他品质。应该注意的是，虽然老师的这些特征也可能与来访者个人有某种相关性，但咨询师的主要关注点应是与来访者选择科目相关的内容和任务，而非来访者对老师个人特质的反应。

（7）早期记忆

早期记忆来源于来访者对10岁以前发生的特定事件的记忆。关注早期记忆的原因是，这些记忆中的故事发生于人们世界观形成初期。需要注意的是，这些故事应该集中于某些特定的事件，而不是家庭日常生活的报告或早期生活经验的宽泛描述。早期记忆的相关性在于它们通过故事表达了来访者的自我感知和世界观。这些反思不是行为的动因，而是反映一个人当前的生活状态和奋斗状态。

在职业风格的访谈过程中，咨询师会请来访者讲述他童年时期的三个故事，以便更全面地了解来访者与世界互动的独特方式。在回忆中的数千起可能事件中，来访者通常选择与当前境况最相关的三起事件。在这个过程中，咨询师和来访者探索的重点不是确定故事的历史准确性，而是了解一个人的自我感知与世界观。

当来访者讲述早期记忆时，咨询师应该准确地写下来访者讲述每个故事所使用的词语。这样做是为了抓住故事的精髓，而故事的精髓常常出现在描述事件的词语中。为了澄清每一段故事分享的本质，咨询师可以要求来访者给这个故事加一个标题，就好像它要出现在报纸上一样。对于标题和故事本身，咨询师应该密切关注来访者使用的动词，以了解来访者生活中喜欢的行动风格。例如，在回忆的故事中，来访者是"奔跑""想要"还是"隐藏"？通过关注来访者在故事中所做的事情,咨询师可以借助行动风格测试工具来了解来访者努力的方向。

为了说明早期记忆和职业的相关性,我们来看一个三十多岁女性的例子,她正在考虑可能的职业转型。她回忆道:"我记得我的朋友买了一个新的滑板,我也想学,所以我就跳上滑板,但摔了一跤。但是我坚持下来了,最后我比我们小区里的任何人都滑得好。"她给这个故事起的标题是"坚强的女人坚持到胜利",这个标题阐明了记忆的意义和这位女性给她目前处境带来的能量资源。尽管她对自己职业生涯的不确定性感到害怕,但从她讲述的故事中可以看出她坚持到底的决心。从她讲述目前的情况中可以看出,职业生涯的改变似乎让她感到害怕,但她想要了解自己的可能性,而且她愿意"立即投入"和"坚持下去",尽管她可能会在中途"崩溃"。

参考资料:

Cantor, N. (1990). From thought to behavior: "Having" and "doing" in the study of personality and cognition. *American Psychologist*, 45, 735-750.

Erikson, E. H. (1963). *Childhood and society* (2nd ed.). New York, NY: Norton.

Holland, J. L. (1997). *Making vocational choices* (3rd ed.). Odessa, FL: Psychological Assessment Resources.

McAdams, D. P. (2001). The psychology of life stories. *Review of General Psychology*, 5, 100-122.

McAdams, D. P. & Pals, J. L. (2006). A new big five: Fundamental principles for an integrative science of personality. *American Psychologist*, 61, 204-217.

Savickas, M. L. & Walsh, W. B. (Eds.)(1996). *Handbook of career counseling theory and practice* (pp. 191-208). Palo Alto, CA: Davies-Black.

Savickas, M. L. (1989). Career style assessment and counseling. In T. Sweeney (Ed.), *Adlerian counseling: A practical approach for a new decade* (3rd ed., pp. 289-320). Muncie, IN: Accelerated Development.

Savickas, M. L. (1995a). Constructivist counseling for career indecision. *The Career Development Quarterly*, 43, 363-373.

Savickas, M. L. (1995b). Examining the personal meaning of inventoried interests during career counseling. *Journal of Career Assessment*, 3, 188-201.

Savickas, M. L. (1996). A framework for linking career theory and practice. In M. L. Savickas & W. B. Walsh (Eds.), *Handbook of career counseling theory and practice* (pp. 191-208). Davies-Black Publishing.

Savickas, M. L. (1998). Career style assessment and counseling. In T. Sweeney (Ed.), *Adlerian counseling: A practitioner's approach* (4th ed., pp. 329-359). Philadelphia, PA: Accelerated Development.

Savickas, M. L. (2002). Career construction: A developmental theory of vocational behavior. In D. Brown (Ed.), *Career choice and development* (4th ed., pp. 149-205). San Francisco, CA: Jossey-Bass.

Savickas, M. L. (2005). The theory and practice of career construction. In S. Brown & R. Lent (Eds.), *Career development and counseling: Putting theory and research to work* (pp. 149-208). New York, NY: Wiley.

Savickas, M. L. (2006). *Career counseling* [DVD]. Washington, DC: American Psychological Association.

Super, D. E. (1951). Vocational adjustment: Implementing a self-concept. *Occupations*, 30, 88-92.

Super, D. E. (1953). A theory of vocational development. *American Psychologist*, 8, 185-190.

Taber, B. J., Hartung, P. J., Briddick, H., Briddick, W. C. & Rehfuss, M. C. (2011). Career Style Interview: A Contextualized Approach to Career Counseling. *The Career Development Quarterly*, 59(3), 274-287.

第3章

我的生涯影响力系统

蒋新玲*

1. 简介

我的生涯影响力系统（My System of Career Influences，MSCI）是一个基于职业生涯发展的系统理论框架（Systems Theory Framework，STF）的定性指导反思过程工具（McMahon & Patton，1995；Patton & McMahon，1999，2006，2014）。MSCI反映了职业咨询趋向于更系统的理论和模式，它让来访者能够识别、优先考虑和描述自己的职业影响因素，从而使他们能够将自己的职业决策和职业转型与这些因素联系起来。

系统理论框架不是一个职业发展理论，而是一个职业发展的元理论描述，容纳了从逻辑实证主义世界观和建构主义世界观衍生出来的职业理论。影响力（Influence）是一个能够反映职业理论的内容和过程的动态术语。系统理论框架清楚地说明了职业发展的内容和过程影响力（见图4-3-1）。

内容影响力表现为一系列对职业发展产生影响的相互联系的系统，特别是个人系统（包括性别、能力和年龄等个人因素）、社会系统（包括与个人互动的其他重要人物，如同辈等），以及环境—社会系统（包括地理位置等）。过程影响力包含三个方面的内容：第一个过程影响力是个体内部以及个体与情境之间的交互；第二个过程影响力强调这种交互如何促进职业决策的微观过程和随时间变化的宏观过程；第三个过程影响力是偶然因素（时机），由图4-3-1中的闪电表示。重要的是，内容影响力和过程影响力的作用的发挥是在不同的时间背景下进行的，在来访者的职业发展咨询中，咨询师需要考虑时间维度的作用，即考虑过去、现在和未来的情境下不同影响力对来访者职业发展的影响。Patton & McMahon（1999）提出，在给定的时间点上，个人能够直观地表现出与其职业状况相关的各种影响因素。理解系统理论框架的基础在于：每个系统都是开放的，会受到外界的影响，也可能会影响系统之外的事物。这种相互作用在系统理论框架

---

* 蒋新玲，中国人民大学劳动人事学院博士研究生。

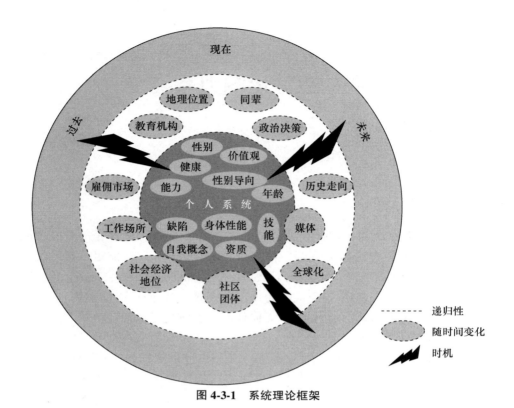

图 4-3-1　系统理论框架

中被称为递归性,并由代表每个系统边界渗透性的虚线表示。所有影响因素的性质及其影响程度可能随时间而变化。所有影响系统都处于过去、现在和未来的时间背景下,每个系统与其他系统都是密不可分的。

系统理论框架为职业咨询提供了一张概念化和实践性的地图。传统的职业咨询模式在借鉴该框架的同时,也采用建设性的职业咨询方法。系统理论框架被应用于定性职业评估活动,其中使用最广泛和最著名的定性职业评估应用就是 MSCI。

2. 我的生涯影响力系统的作用

MSCI 有青少年版本和成年人版本,适用于多种实际应用场景。例如,在个人职业咨询活动中,它可以是一个独立的职业咨询环节,也可以是其他职业咨询活动的先导环节。在教育情境中,咨询师可以将 MSCI 作为一堂系统的职业教育课,也可以将其嵌入一系列的职业教育课程。在团体情境中使用 MSCI,可以促进参与者的互动和共享。作为教育情境中常用的咨询工具,MSCI甚至可以扩展到职业咨询师的培训中。例如,可以鼓励咨询师反思自己的生涯影响力系统,以便更好地了解自己,加深对职业发展整体概念的理解,从而对来访者的问题更加敏感。

3. 使用方法和步骤

MSCI以STF的子系统为核心结构(见表4-3-1),结合定性职业评估过程开发中收集的建议以及作者(McMahon等)描述的过程而形成原始试用版。

表4-3-1 STF和MSCI的关系

维度	STF	MSCI
内容影响力	个人系统 社会系统 环境—社会系统	思考我是谁 思考我周围的人 思考环境和社会
时间背景	过去、现在和未来	思考我的过去、现在和未来
过程影响力	递归交互 随时间变化的改变过程 时机	我的职业影响力系统呈现 反思我的职业影响力系统 制订我的行动计划

MSCI反思活动使个人通过引导反思过程构建自己的生涯影响力体系。MSCI鼓励来访者反思对他们有影响的个人系统、社会系统、环境—社会系统以及时间背景。虽然每一个系统中的影响因素都可能被孤立地看待,但来访者仍然能够通过MSCI描绘出这些因素影响其职业状况的整体图景,从而形成一个丰富而全面的职业发展故事,在这个故事中,一系列的主题、模式、人物、情节和背景都可能被揭示出来,咨询师和来访者将共同探索它们与来访者职业发展之间的关系。

MSCI被研究者总结为一本手册。手册的每一页都介绍了来访者的生涯影响系统反思过程的一个环节,并为来访者提供了简要信息、操作顺序说明、示例及作答的位置。虽然这本手册也可以作为自学指南,但最理想的使用情境是职业咨询师或教师在整个过程中与来访者互动,并在必要时提供支持和说明。

第1页(封面)介绍了MSCI,并为来访者提供了书写姓名、性别、日期、学校(组织)及年级的区域。

第2页标题为"我目前的职业状况",由五个项目组成,邀请来访者反思他们的职业状况并写在相应位置。一般而言,"我目前的职业状况"包括七个开放式问题,要求来访者思考他们职业生涯的要素,如职业抱负、工作经验、生活角色、先前的决策和支持网络。这些项目旨在获得有关来访者生活角色、就业选择(过去、现在和未来)以及与以前职业决策等主题相关的信息。

第3—6页帮助来访者按顺序建立生涯影响力系统。每个页面的格式都是相同的,包含背景信息和说明。在这些环节中,来访者被引导从示例中进行选择,来访者也可以添加或更改影响力,并说明他们识别出的影响力的重要性级别。第3页的标题为"思考我是谁",其基础是STF中描述的个人系统,引导参与者从个人性别、能力和年龄等方面反思自己。第4页的标题为"思考我周围的人",其基础是STF中描述的社会系统,引导来访者从人际影响(如同辈)的角度反思自己。第5页的标题为"思考环境和社会",其基础是STF中描述的环境—社会系统,引导来访者从环境—社会(如地理位置)的角度反思自己。第6页的标题为"思考我的过去、现在和未来",其基础是STF中对时间、背景的强调,引导来访者反思过去的职业生涯影响因素、现在的环境和预期的生活方式。

第7页的标题为"我的职业影响力系统呈现",向来访者提供完成MSCI信息填写后的指导,包括一个实例。本页指导来访者使用在前几页中记录的职业影响力信息,以作图的方式在第9页构建其MSCI图。

第8页的标题为"反思我的生涯影响力系统",通过问题引导来访者反思其MSCI图的内容,并促使他们讲述职业故事。在这个环节,来访者可以单独进行或与职业咨询师一起合作进行。

第9页的标题为"我的生涯影响力系统",是可以撕下的活页。本页包含一个大圆圈,其中是来访者绘制的MSCI图。

需要注意的是,MSCI反思过程可以是自我引导的,但职业咨询师最好在整个过程中保持与来访者的互动,并在必要时向来访者提供支持和帮助。在反思过程的时间要求上,虽然反思可以在30分钟内完成,但也允许有一定程度的灵活性。例如,来访者可以一次完成MSCI的各个环节,也可以分多次完成。此外,来访者可以随着时间的推移重新进行反思活动,并根据他们生活中对某一事物认知的变化修改先前回答的内容。

参考资料:

McMahon, M., Watson, M. & Patton, W. (2005). Qualitative Career Assessment: Developing the My System of Career Influences Reflection Activity. *Journal of Career Assessment*, 13(4), 476-490.

McMahon, M., Patton, W. & Watson, M. (2004). Creating Career Stories through Reflection: An Application of the Systems Theory Framework of Career

Development. *Australian Journal of Career Development*, 13(3), 13-17.

McMahon, M., Patton, W. & Watson, M. (2015). My system of career influences. *In Career Assessment*. Rotterdam: Sense Publishers.

McMahon, M. & Patton, W. (1995). Development of a systems theory framework of career development. *Australian Journal of Career Development*, 4, 15-20.

Patton, W. & McMahon, M. (1999). *Career development and systems theory: A new re-lationship*. Pacific Grove, CA: Brooks/Cole.

Patton, W. & McMahon, M. (2006). *Career development and systems theory: Connecting theory and practice (2nd ed.)*. Rotterdam: Sense Publishers.

Patton, W. & McMahon, M. (2014). *Career development and systems theory: Connecting theory and practice (Vol. 2)*. Springer.

第4章

生活空间绘制

蒋新玲*

1. 简介

生活空间(Life Space)是指一个人由所有类似的生活经验积累起来的结构化意义系统,其概念来源于Lewin(1948)提出的社会空间概念。当一个人的经历有一个共同的焦点——比如学习园艺,那么关于园艺的所有有意义的经验积累都会结构化为个人的意识和记忆。

这些有意义的经验相互作用,为一个人讲述生活故事提供了基础。生活空间是一个语义网络,个体被嵌入这个网络。一个人的生活空间包含他在生活中积累的所有意义(人、经历、物体、关系、事件等)。生活空间就像一个酒店,里面住着许多代表不同"声音"的旅客。根据不同的场合和个人的取向,不同的旅客可能会发出自己的声音。咨询师和来访者一起调查来访者的生活空间,在这个过程中,双方可以采用讲故事、对话和其他文学性手段,如绘制(Mapping)、素描(Drawing)和隐喻(Metaphors)。咨询师和来访者会批判性地反思故事元素背后的假设。生活空间把咨询师和来访者的注意力转向情境、自我叙述和生活写作的动态性上,从而在一定程度上减少对自我和自我感觉的排他性以及对自恋的关注。

2. 生活空间绘制的作用

当前,咨询师们一般使用生活空间绘制(Life Space Mapping,LSM)来帮助来访者进行职业生涯规划,或帮助来访者解决在职业生涯发展过程中遇到的各种与职业发展相关的问题。

LSM试图通过帮助来访者阐明和描述其生活经历中实际发生的事情,以明确问题并找到解决方案,最终目的是获得经验性的描述,而不是理论性的解释。

---

* 蒋新玲,中国人民大学劳动人事学院博士研究生。

采用 LSM 进行咨询活动,往往包括来访者的生活空间绘制和来访者与咨询师的对话两个核心活动。这两个活动相辅相成,都有助于推动咨询的进展。通常,在一次定向对话中会有多个生活空间内容的绘制。而生活空间绘制有着多方面的功能,包括:
- 澄清和简化来访者遇到的复杂情况;
- 引导来访者对所面临的问题形成新的理解和想法;
- 确定来访者所具备的优势和所面临的障碍;
- 帮助来访者制订指导行动的初步计划;
- 揭示来访者所处情境中相关因素的重要关系和关联;
- 帮助来访者以可视的形式展现自己;
- 揭示来访者在可触及的现实中寻求帮助的自我意识;
- 描述来访者的行为、感觉和它们之间的互动,将问题置于实际背景中。

虽然 LSM 不会在每个定向对话中体现,但如果 LSM 能够被有效地使用,它有助于将来访者的生活空间外部化,帮助来访者思考自己想创造什么样的未来,以及如何走向未来。

3. 使用方法和步骤

(1) 使用原则

LSM 的使用要求是,咨询师和来访者在共同订立的合同中坚持双方约定的若干原则。

其一,咨询师和来访者需要注意的是,使用 LSM 进行咨询活动的基础是双方在咨询中能够共同参与和合作。

其二,咨询师必须采取主动的态度,这种态度可以表现为"我想了解你,了解你的个人传记,即使它对我来说难以理解,也非常模糊"。采取这种态度有助于帮助来访者"建构"和寻找情境的含义,并体验当下(此时此刻)发生的事情。反过来,他将来想要追求的期望和责任的改变不仅取决于当下正在发生的事情,还取决于流动性的现代性隐喻和解释。如果能够使用隐喻和解释帮助来访者找到他在另一种情境中的生活意义,那么通过生活空间绘制来探索个体传记结构的方式对个人可能具有教育价值。

(2) 需要注意的方面

引导来访者自我观察(Self-observation)。自我观察是 LSM 方法的一个重要特征。鼓励来访者表达和解释自己的故事,引导他绘制自己的生活空间,会帮助来访者对自己形成更加清晰的认知。当来访者对自己的价值观、信念和经验进行批判性思考时,他会更轻松地理解不同的观点。而且,这个过程能够帮助来访者掌握和表达自己生活中的复杂性,这为更准确的自我评估、更完备的生活计划和更积极的心理状态奠定了基础,来访者会更有能力去建构与积极追求他所重视的目标和未来。自我观察还可以帮助来访者用积极词汇代替消极词汇,以构建良性的咨询参与方式。

关注处于整体情境中的人。如图4-4-1所示,来访者的生活空间可能由多个部分组成,而图4-4-1中展示了个人生活空间的基本构成。虽然来访者遇到的特定问题可能主要位于其中的一个模块,但是这一模块通常会与其他模块相互联系。例如,一个人失业了,可能会伴随着压力与疾病,人际关系和生活观也可能会受到影响。因此,生活空间绘制有助于将任何问题置于一个人的整体生活环境中,从而帮助来访者更好地找到问题所在以及这一问题将会产生的影响,从而得到更有针对性的解决方案。一个人是一个完整而复杂的系统,任何子系统的运行都会对整个系统产生影响。因此,在基于生活空间绘制的咨询活动中,咨询师将来访者视为整体环境中的一个人,而不是仅仅关注他孤立的个人方面,或从他的某部分日常环境中提取问题。

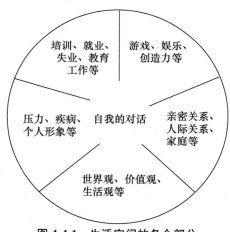

图4-4-1　生活空间的各个部分

关注来访者的有意义的问题。在考虑情境中的个人的同时,关注这个人寻求帮助的问题的特殊性也很重要。不管人们的注意力是放在生活空间的一个特定方面,还是放在整个空间,或者放在某个方面与整个生活空间的相互联系,咨询师都要关注那些有意义的问题。例如:

- 除了你,还有谁参与这件事?从你的角度来看,他们是如何参与的?
- 你目前考虑如何解决这个问题?

- 你认为这件事对你的日常生活有什么影响？
- 如果这件事没有发生，你的生活会发生什么改变？
- 从你的角度来看，这个过程中有什么阻碍？你是如何克服这个阻碍的？
- 假如有能力，你会通过改变什么来改善你的处境？
- 你知道还有什么途径可以帮助你改善处境吗？
- 你认为你可以学会做一些事情，而且这些事情可以帮助你克服眼前这个困难吗？
- 还有谁能帮助你？
- 如果别人也有与你同样的问题，作为旁观者，你会如何帮助他们找到解决方案？

4. 生活空间绘制说明

在来访者绘制生活空间时，咨询师可以通过以下话术对其加以引导：

每个人的生活都是不同的。每个人对生活、人际关系以及对他们来说重要的事情都有独特的看法。这个练习旨在探索你的"生活空间"和你对自己当下生活的看法。在这个练习中，你需要回忆你的朋友、家人、伴侣、同事等人物，家里、大学、学校、工作、户外等地方，体育活动、文化活动、社交活动、宗教、政治等任何你现在觉得在你生活中重要的东西。除此之外，你还可以回想你对事件的记忆，对离开你生活的人的记忆，对想象中的人或地方的记忆，你现在正在经历的困难，如关系、压力、金钱、酒精、健康等方面的困难。

请随意使用你觉得舒服的工具，我们提供数张空白纸、各种各样的铅笔，你也可以用钢笔、蜡笔等来写字或画图。请记住，绘制生活空间图的目标是做一件对你有意义的事情，而不是画一幅好看的图，请随意尝试对你有效的方法。请特别关注存在紧张情绪或冲突的问题。比如，是什么导致紧张？是否存在相互冲突的需求/要求？周围有什么力量？是什么维持着这样的情况？紧张/冲突的强度在哪里最大？关键的界限在哪里？你生活空间中的哪件事（哪个领域）与另一件事（另一个领域）相互冲突？这些界限在哪里延伸得最广？请使用任何你想用的文字、线条、图片和颜色代表它们。你可以随意使用另一张纸来扩展你想要更详细探索的任何领域。

尝试在图上指出你的生活走向。你是在靠近还是远离某些事物？你是否感到被推向或被拉向不同的方向？在图上使用箭头表示方向。

完成绘制后,请花一些时间考虑你是否认为这是对你生活空间的准确表达? 你是否想在图中添加或更改任何东西,以方便未来回顾?

参考资料:

Lewin, K. (1948). *Resolving social conflicts; selected papers on group dynamics*. Harper.

Peavy, R. V. (2004). *Sociodynamic counselling: A practical approach to meaning making*. Chagrin Falls. Ohio: Taos Institute.

Peavy, R V. (2000). Sociodynamic perspective and the practice of counselling. Paper presented at the Annual Conference of the National Consultation on Career Development (26th, Ottawa, Ontario, January 24-26, 2000).

Rodgers, B. (2006). Life space mapping: preliminary results from the development of a new method for investigating counselling outcomes. *Counselling and Psychotherapy Research*, 6(4), 227-232.

Sowik, A. (2014). 'Life space mapping' as an innovative method in career counselling for refugees, asylum seekers and migrants. *Procedia-Social and Behavioral Sciences*, 114, 80-85.

第5章

生 命 轮

孙晨光*

1. 简介

生命轮(Wheel of Life)由布伦丹·贝克(Brendan Baker)于2013年提出,是一个帮助来访者在生活中创造更多平衡与成功的训练工具。它经常被用于生涯指导,也可以辅助来访者设定目标。

2. 生命轮的作用

生命轮可以帮助来访者看到自己生活的全貌,明确自己的时间分配方案,挖掘自己真正想做的事情,将这些事情排入日程并实现平衡。生命轮是设定目标的完美起点,也是许多职业咨询师常用的工具。

3. 使用方法和步骤

常见的生命轮被划分为生活中比较重要的几个领域或类别,包括事业、财务、健康、社交、家庭、爱情、娱乐、贡献、个人成长、精神和自我形象。在使用生命轮时,会有一个评分系统,来访者可以简单地对自己在各个领域或类别的满意度进行评分。满分为10分,其中1分最靠近圆圈的中心,10分位于圆圈的边缘。

第一步:设置

打印生命轮模板(见图4-5-1)直接使用,或者在一张纸上简单地画出自己的生命轮。

---

* 孙晨光,中国人民大学劳动人事学院博士后,中国地质大学(北京)马克思主义学院讲师。

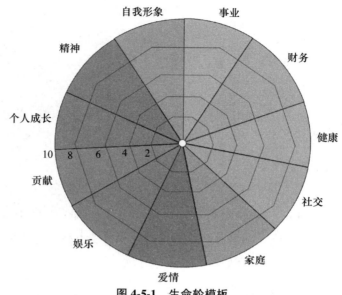

图 4-5-1 生命轮模板

第二步：完成生命轮

根据已经设置好的生命轮，为不同领域或类别的满意度进行打分。在这一过程，请来访者在一个没有干扰的环境中用 15 分钟左右的时间完成，从整体上反思自己的生活。

为了帮助来访者更好地完成这个练习，咨询师可以给出一些提示。

比如在事业领域，可以提示来访者：你现在的职业是你想要的吗？你的发展方向与职业目标匹配吗？

在财务方面，可以提示来访者：你是否有足够的收入来满足你目前的需要？你是否已为未来的财富增长做好准备？

在健康方面，可以提示来访者：你的身体状况如何？你对自己的身体状况满意吗？你对你的饮食情况满意吗？

在社交方面，可以提示来访者：你的朋友支持你吗？你和朋友的交往是否达到你满意的程度？

第三步：反思

到这一步，来访者已经基本完成一个完整的生命轮。花点时间欣赏或审视一下已经完成的生命轮，看看它是什么样的。

如果任何一个领域的得分为 8—10 分，那么祝贺你，这说明你对这个领域很满意。重要的是你要保持你所做的以确保维持现状，但是不要忽视可以改进的地方。这是很重要的,这意味着你没有限制自己的潜力,甚至可以在这个领域进一步提高满意度。

如果任何一个领域的得分为 5—7 分,说明你对这个特定的领域已经相当满意,但是你绝对有机会去探索一些可能的机会以提升你的满意度。

如果任何一个领域的得分为 0—4 分,说明你对这个特定的领域不是很满意,你需要探索提高满意度的方法。不过,没必要担心这些分数,因为 0—4 分的背后充满了机会!通常情况下是因为你没有充分探索对自己有用的机会。这也是你可以成长和获得最大价值的领域!

此时,咨询师应当鼓励来访者回答以下问题:

你在每个领域给自己打分的依据是什么?

设想一下,1 个月后、3 个月后、6 个月后、1 年后,你理想的生命轮是什么样子的?

哪个领域的得分与你的期望差距最大?

在你的生活中,你最想提高对哪个领域的满意度?

你现在的生命轮是弯曲的还是平衡的?

当你试着向前移动时,如果你的生命轮是弯曲的,会发生什么?如果你不能平衡地前进,那么你的生活会有什么变化?

如果你在一个领域很容易变得非常满意,那么相应的代价是什么呢?

例如,你可以把所有的时间和精力花在事业上,并取得一些了不起的进步,甚至你会对自己的财务状况感到非常满意。然而,你的人际关系会发生什么变化呢?你的健康呢?这一路上你觉得开心吗?解决问题的关键是找到平衡,这就是生命轮的美丽之处。为了做到这一点,咨询师需要帮助来访者发展他的生命轮,而不是通过在生活的某些方面进行交易来平衡生命轮。

第四步:行动

现在你有了一个你对不同领域满意度的视觉快照。通过反思,你现在已经确定了自己现在的位置及其与理想位置的差距。

今天就行动起来吧!你打算采取哪些具体的行动或步骤来提高你对某些领域的满意度?把你要做的事情写在一张纸上。把你的生命轮放在一个你每天都能看到的地方,随时追踪自己的进步情况。

4. 生命轮实操案例

贝克的生命轮因简单、易操作而广受喜爱,且出现了很多衍生版本。下面给出一个实操案例。

（1）收集信息。思考在自己的人生中最重要的因素是什么？如社交、健康、家庭、事业、爱情、娱乐、财务等，找出最重要的八个因素。

在思考的过程中，你可以回顾自己的过去，你认为做得最成功的一件事是什么？如果生命还剩下6个月的时间，那么你会做什么？

（2）整理。拿笔画个圆，将圆分成八等份，将最重要的八个因素填进去。

（3）检视。整理完后，你要检视八个因素是不是你认为最重要的，若不是，则需要替换。到了这一步，你的生命轮已初具雏形。

（4）评估。评估一下，你是否在生命轮的各个领域中都投入了时间和精力。

① 当下的生命轮：结合目前情况，给每个领域打分，范围为1—10分，1分表示最不满意，10分表示最满意。

② 1年之后的生命轮：请给你希望1年后各个领域达到的状态打分。

③ 5年之后的生命轮：请给你希望5年后各个领域达到的状态打分。

观察三个生命轮，你注意到哪些差异？你要改变什么？你要采取什么具体行动去改变？你行动的第一步是什么？按优先级顺序列出你当下需要去做的事情。

第6章

生涯隐喻

蒋新玲[*]

1. 简介

当人们谈论职业生涯时,通常会使用隐喻这一概念。隐喻是一种言语方式,在这种方式中,一个概念(通常是相对抽象的概念)被另一个概念(通常是相对具体的概念)取代,从而为理解一个事物提供清晰和戏剧性的效果。隐喻通常会使来访者要表达的职业生涯主题更清晰、更有意义、更可视化,从而帮助人们通过已知事物理解未知事物。

隐喻相关研究最早可以追溯到亚里士多德时代,那时人们认为隐喻是一种必然的、内建的人力思维过程。隐喻一般分为单一隐喻和多重隐喻。在单一隐喻中,每一种隐喻都揭示了某一事物(抽象概念)具体而形象的外表特征,形成对事物"表"和"里"的认知。多重隐喻则是通过逐一考虑每一种隐喻,形成一种对事物认知更为全面的观点,使我们更接近个体职业生涯的全貌。在关于职业生涯的论述中,很多与职业生涯相关的隐喻都是旅程隐喻的变体,例如职业道路、职业轨迹、职业高原、职业阶梯、快车道、亡命寻宝、到达顶峰、曲折的职业生涯、过山车,这些都将运动和方向等旅程特征归结为职业生涯特征,有些还提供获得理想职业生涯的动作提示(如向上移动、快速转换、与他人竞争等)。然而,职业生涯相关论述并不局限于旅程隐喻。人们在谈论自己的职业生涯时,会习惯性地使用许多不同的联想。

语言学、认知学和心理学的学者认为隐喻不仅仅是一种说话的方式或技巧,更代表了我们认识和表达世界经验的一种普遍的思维方式。我们思考以下与职业相关的常见短语,如"错误的轨道""含着金钥匙出生""我的生活故事""白手起家""忠诚的公司仆人",就会发现每个短语的含义并不局限于字面。人们的隐喻体现了他们对周围世界的内部印象。通过在演讲中使用隐喻,我们可以更好地影响他人;通过理解他人的隐喻,我们会修改自己对于世界的内部印象,并

---

[*] 蒋新玲,中国人民大学劳动人事学院博士研究生。

创造新的印象。

2. 生涯隐喻的作用

　　隐喻作为思维和对话工具的作用之一是，它能够用清晰、熟悉且具体的相似物来表示难以呈现的抽象概念。人们发现使用此类相似物对于理解和解读职业生涯发展面临的相关问题会更容易和更有趣。隐喻的另一个作用是，新颖的隐喻可以使我们获得新的见解，并利用它们来解决问题。职业生涯中的同一现象常常被表述为多个隐喻，这可以帮助我们以新的眼光看待事物或活动，从而采取创新性行动来解决职业生涯中的问题。

　　生涯隐喻（Career Metaphor）的优势普遍体现在职业生涯的旅程中。一方面，大多数人可以在自己的生活中找到与旅程相关的职业联想，如规划未来的旅程、选择平稳或颠簸的旅程、选择方向、努力保持平稳的步伐、克服障碍、失去动力、陷入困境、误入歧途、到达目的地。因此，认识到实际旅程和职业旅程之间的相似之处可能会带来新的见解。另一方面，过分且戏剧化地专注于职业生涯与旅程的共性可能会抑制其他可能有参考价值的隐喻。与职业生涯有关的许多隐喻（如快速赛道、锦标赛、获胜者、晋升等）构成与职业发展、竞争和压力相关的表达，这些表达可能在某种程度上代表某些职业，但对许多其他职业没有预示作用。

　　虽然隐喻不能完美地呈现它们所代表的概念，但是我们不应仅仅以隐喻能否准确描述现实的观点来评判其价值，还应该看到隐喻在推动新思维产生上的作用。对于那些想要理解自己职业生涯的人们来说，多重隐喻的方法会更加实用，因为在这种方法中，每个新的隐喻可以帮助人们增进对职业生涯中原有现象及其意义的理解和认识。

3. 生涯隐喻使用范例

　　何树彬（2018）在分析研究大学生涯隐喻时，要求接受调查的本科毕业生通过隐喻的方式，从不同层次、不同角度对自己四年的大学生涯进行形象的概括。他们所表达的隐喻从某种程度上映射了他们的生涯价值观、信念和概念系统，代表了他们对自己大学生涯的独特认知。

　　每一名本科毕业生需要概括的成长经历内容包括大学四年的感悟、体会，以及在实习、社会实践、求职过程中的成败和得失。这些成长经历自述是本科毕业生对大学生涯的认知和反思，反映了其四年大学生涯发展的轨迹。对资料进行文本分析编码,逐步聚焦文本中关键表述、抽象和概念化的隐喻,逐步发现最能解释文本中所阐述的行动的意义,通过对生涯传记以"意义"为标准进行编码,得到九十多种关于大学生涯的隐喻。典型的大学生涯隐喻表述包括"四年的青春就这样被涂抹上五彩斑斓的颜色""回首四年,突然发现在不知不觉中,我从雏鸟到羽翼渐丰,已经渐渐蜕变成长"等。进一步对上述隐喻进行编码,得到11个隐喻,如表4-6-1所示。

表 4-6-1 对大学生涯隐喻的编码

隐喻	文本举例
行动	耕耘、勤劳、兼程、求索、躬行、磨砺、苦寒(动词)、织梦、出发与到达、行走、留下印迹、折腾、锤炼
主体	创作者,撰写者(有自己的读后感),指挥者(演奏自己的青春),画作者(为大学涂抹色彩),远航者(是自己远航的船长),主角(既是导演也是主角)、属于自己的节奏、自己的旋律、自己的舞台
成熟	褪去青涩、蜕变、菜鸟、羽翼渐丰、破茧成蝶、阵痛
准备	家园、港湾、历练场、储蓄、机会
旅程	最灿烂的风景、攀登、探索、方向
循环	起点与终点、季节更替
关键期	重要站点、人生的春天
转折	转弯处
选择	岔路口
过渡	渡口、过渡
资源	平台、苗圃

对隐喻进行分析和解读,咨询师可以揭示大学生涯发展阶段对于本科毕业生职业生涯的关键影响和关键因素,以及这些关键因素之间发生作用的内在逻辑,为大学生涯发展提供参考建议。比如在行动隐喻中,"耕耘""勤劳""求索"等暗示着朝着理想人格努力;同时行动中包含着目标以及在其中要实现的价值,强调了个体生涯发展的主动性。在主体隐喻中,"创作者""撰写者""指挥者""画作者"等反映了个体作为主体对自己大学生涯的掌控、承担自己的责任、寻找属于自己的舞台、获得属于自己的独特体悟。旅程隐喻暗示了个体认为自己的大学生涯是一个不断探索、不断体验的过程,在这个探索和体验的过程中,"最灿烂的风景"喻示着大学生涯中的美好体验及成长收获,"攀登"喻示着大学生涯中勇敢应对学业、角色转换等方面的挑战,"方向"则可能喻示着大学生涯中对未来职业发展方向的探索。在过渡隐喻中,"渡口""过渡"可能暗示个体认为大学生涯是自己从学校转向社会的过渡经历,也是从学生转向社会人、职场人

的渡口，是角色转换的关键时期。

参考资料：

Amundson, N. E. (1998). *Active engagement: Enhancing the career counselling process*. Richmond, Canada: Ergon Communications.

Baruch, Y. (2004). *Managing careers: Theory and practice*. London, UK: Financial Times/Prentice Hall.

Grant, D. & Oswick, C., eds. (1996). *Metaphor and organizations*. London, UK: Sage.

Inkson, K. (2002). Thinking creatively about careers: The use of metaphor. pp. 15-34 in *Career Creativity: Explorations in the Re-making of Work*, edited by M. Peiperl, M. B. Arthur, R. Goffee and N. Anand. Oxford, UK: Oxford University Press.

Inkson, K. (2004). Images of career: Nine key metaphors. *Journal of Vocational Behavior*, 65, 96-111.

何树彬（2018）. 大学生涯的隐喻研究. 教育与考试, 69(3), 88-94.

第7章

卡 片 分 类

蒋新玲*

1. 简介

自 20 世纪 60 年代初以来,卡片分类(Card Sorts)一直是职业咨询师工具包中的工具之一,通常用作标准化职业评估的补充,是一种定性的职业评估工具。

卡片分类是 1961 年利昂娜·泰勒(Leona Tyler)在美国心理学会的演讲中首次提到的。在演讲中,泰勒描述了一个职业咨询案例的基本过程。在职业咨询过程中,来访者得到一块装有 100 张职业卡片的平板,然后被要求将所有卡片分为三堆:"不会选择""会选择""不确定"。之后,来访者会被要求将前两堆中的卡片重新组合成较小的一堆,并说出他们选择或不选择特定职业的原因。泰勒认为这种方法有助于揭示主体人格的复杂面。Goldman(1983)认为分类卡片的活动是一种投射技术,其中最重要的结果不是来访者对职业描述的准确性,而是在分类过程中来访者的选择。例如,Pinkney(1985)建议咨询师与来访者讨论他们回避的主题(即第三堆卡片),而 Peterson & Lenz(1992)建议卡片分类可以用作来访者如何组织工作世界的认知地图。此外,Peterson(1998)建议咨询师参与来访者对卡片进行分类时的"分类谈话",或者关注来访者在卡片分类时所做的口头陈述。在使用卡片分类时,其他潜在的探索主题包括检查来访者如何参与任务、完成任务,例如来访者进行卡片分类的速度、卡片的组织方式,以及来访者是否与咨询师"核对"以确认他们"做对了"(Osborn & Zunker,2012)。在处理最终结果的环节,咨询师对于如何处理结果有多种选择。例如,他们可以要求来访者对每一堆卡片进行标记和描述,根据来访者的偏好确定重要卡片的位置,或者根据排名或子主题对卡片进行重新排序等。

卡片分类是一种不要求特定的理论作为知识基础的工具。但实际上,卡片分类可以在许多研究阵营中找到理论基础。例如,在识别个人特征的过程方面,职业卡片分类就像许多卡片分类工具一样,与帕森斯方法(Parsons,1909)、霍兰

---

* 蒋新玲,中国人民大学劳动人事学院博士研究生。

德职业人格类型理论(Holland，1997)、布朗基于价值的方法(Brown，2002)、信息加工理论中的自我认知成分(Peterson et al.，2002)相符。卡片分类过程中的对话可能会关注背景问题，如家庭、社会经济地位或歧视，包括社会认知职业理论中的所有关键要素，以及职业决策和下一步行动的识别(Osborn & Zunker，2016)。

除了前面提到的理论，作为一种强调来访者参与讨论的定性职业评估工具，卡片分类也非常适用于建构主义的职业咨询。职业卡片分类不是强调客观地衡量来访者的兴趣和技能，而是关注来访者投射到刺激物(即卡片)上的意义，以及卡片分类活动整个过程中意义的持续发展。卡片分类为咨询师提供了整体看待来访者的框架，这个框架可以通过精心构建的问题得到强化，比如"在查看你刚刚分类的职业卡片时，是什么影响你在这些职业领域的成长？""你优先考虑的价值观如何在工作之外的其他生活领域中体现出来？""这些结果与你的职业经历有什么关系？"，等等。来访者还可以用不同的方式重新整理卡片，或者按照年龄段思考重要他人对整理卡片的影响。

2. 职业卡片的类型

卡片中的内容通常会被打印在耐用的纸张上，如专用的卡片纸，它们一般可以重复使用。如前所述，在价值观、兴趣、技能、个性类型和职业等不同主题上有不同类型的卡片。卡片内容可以根据来访者对价值观、兴趣、职业等的想法来填写，这不仅有助于咨询师更好地了解来访者的心态，还能够帮助咨询师思考后续可以向来访者提出哪些问题。在卡片分类的过程中，职业偏见或消极的职业想法、兴趣、价值观或家庭规则等各种形式的要素都可能会出现。除了传统的纸质卡片分类，在线卡片分类允许用户通过计算机或其他在线设备使用卡片工具。

咨询师可以创建自己的卡片类型，以适用于某些应用场景。卡片的设计还可以融入艺术元素，这样能使来访者在解决职业问题时获得愉悦的视觉体验。自由创建自己的卡片分类，使得咨询师可以根据来访群体的需求定制职业选择或其他职业问题。对于年轻人来说，融入动物或其他创意元素的卡片可能会给他们提供更好的体验，还可以消除卡片上出现个人照片可能带来的性别、种族或残疾人偏见。此外，还有在线卡片分类和在线职业指导系统，它们都为个人进行卡片分类提供了数字化的方式。Sigi3(www.Sigi3.org，访问时间：2023年6月8日)是美国一个设有卡片分类功能的在线职业指导系统，主题包括价值观、兴趣和个性类型等。

3. 卡片分类的作用

已有研究发现,卡片分类具有广泛的适用性。Slaney & MacKinnon-Slaney(1990)发现,卡片分类对犹豫不决的来访者、年老的来访者、年轻的来访者、心智能力有缺陷的来访者和拥有高知识水平的来访者等群体都具有很好的干预作用。

卡片分类是一种实践性的职业探索方法,通常被认为是来访者对职业和工作的想法的象征性表现(Osborn & Zunker,2006)。首先,卡片分类的方法能够反映来访者的价值观、目标、兴趣和工作能力。线上版卡片分类不仅能够及时打印输出测试报告,还允许来访者投入整个过程,有助于验证来访者本身在探索选项中的重要性排序。其次,如果咨询师在分类过程中在场,就可以独立观察这一过程,以便能够更深入地了解来访者的决策过程。最后,卡片分类的灵活性(一组卡片可多次使用)使该方法具有低成本的优势。

4. 使用方法和步骤

在职业咨询中,无论咨询师是否在场,都可以进行职业卡片分类。

首先,来访者被要求将卡片分为三堆——"不会选择""会选择""不确定",然后根据提示将每堆卡片分为不同的组。此时,来访者可以自行决定使用什么标准进行分类。

其次,在整个分类过程中,咨询师可以观察来访者如何处理分类任务,包括来访者是否需要咨询师的心理支持,来访者是否翻开卡片阅读职业描述,等等。此外,咨询师还会听取"排序谈话",即来访者在排序或讨论排序结果时所作的评论。

再次,咨询师与来访者一起确定主题,并讨论为什么将某张卡片放入某个类别。讨论的重点是"会选择"卡片堆中卡片有吸引力的原因,"不会选择"卡片堆中卡片没有吸引力的原因,以及利用了哪些信息来决定"不确定"卡片堆。在这之后,咨询师可能会帮助来访者探寻感兴趣的职业,或者寻找更多和"会选择"卡片堆相似的职业。

最后,对卡片分类结果加以解释,这可能是咨询师职业咨询中最令人兴奋或最具挑战性的部分。在这个过程中,咨询师可以结合传统的职业清单或者评估工具(如霍兰德职业兴趣测试)对结果加以解释。但是,由于卡片排序和分类的标准是用户创建的,并且是非标准化的,因此每组结果可能非常不同。此外,由于缺乏卡片分类结果的一致研究,解释结果的过程中会遗留许多没有一致答案的问题。因此,早期的研究者建议将卡片分类与标准化评估工具结合使用,而不是单独使用来得出评估结果。

参考资料:

Brown, D. (2002). The role of work values and cultural values in occupational choice, satisfaction, and success: A theoretical statement. In D. Brown & Associates (Eds.), *Career choice and development* (4th ed., pp. 465-509). San Francisco: Jossey Bass.

Goldman, L. (1983). The vocational card sort technique: A different view. *Measurement and Evaluation in Guidance*, 16, 107-09.

Holland, J. (1997). *Making vocational choices: A theory of vocational personalities and work environments* (3rd ed.). Odessa, FL: Psycho-logical Assessment Resources.

Osborn, D. S. & Bethell, D. S. (2009). Using card sorts in career assessment. *Career Planning and Adult Development Journal*, 25, 101-114.

Osborn, D. S., Kronholz, J. F. & Finklea, J. T. (2005). Card sort. In Career Assessment. Brill Sense.

Osborn, D. S. & Zunker, V. G. (2012). *Using assessment results for career development*. (8th ed.) Belmont, CA: Brooks/Cole, Cengage.

Osborn, D. S. & Zunker, V. G. (2016). *Using assessment results for career development* (9th ed.). Pacific Grove, CA: Brooks/Cole.

Osborn, D. S. & Zunker, V. G. (2006). *Using assessment results for career development* (7th ed.). Pacific Grove, CA: Brooks/Cole.

Parsons, F. (1909). Choosing a vocation. Boston, MA: Houghton Mifflin.

Peterson, G. W. & Lenz, J. G. (1992). Using a vocational card sort as an assessment of occupational knowledge. *Journal of Career Assessment*, 6, 49-76.

Peterson, G. W., Sampson, J. P. Jr., Lenz, J. G. & Reardon, R. C. (2002). A cognitive information processing approach to career problem solving and decision making. In D. Brown & Associates, *Career choice and development* (4th ed., pp. 312-372). San Francisco: Jossey-Bass.

Peterson, G. W. (1998). Using a vocational card sort as an assessment of occupational knowledge. *Journal of Career Assessment*, 6, 49-67.

Pinkney, J. W. (1985). A card sort interpretive strategy for flat profiles on the

Strong-Campbell Interest Inventory. *Vocational Guidance Quarterly*, 33, 331-339.

Slaney, R. B. & MacKinnon-Slaney, F. (1990). *The vocational card sorts*. In C. E. Watkins, Jr., & V. L. Campbell (Eds.), *Testing in counseling and practice* (pp. 317-371). Hillsdale, NJ: Erlbaum.

第五篇

家庭和情境影响

第1章

生 涯 族 谱

孙晨光*

1. 简介

生涯族谱(Career Genogram)是收集关于家庭对职业决策影响信息的最常见和最常用的一种定性工具(Dagley,1984;Gysbers & Moore,1987;Okiishi,1987)。作为一种后现代的工具,它可以让我们理解家庭背景下的职业决策(Dagley,1984)。DeMaria et al.(1999)将生涯族谱分为两类:第一类是基本生涯族谱(Bowen,1978),包含家庭系统运作的所有组成部分;第二类是焦点生涯族谱,强调个体职业生涯发展的特定方面,如依恋、性别、性取向、文化和工作。

2. 生涯族谱的作用

在对职业生涯产生影响的外部因素中,原生家庭概居首位。生涯族谱源自Bowen(1980)在家族咨询活动中使用的家族世系图(简称"家谱")。在职业咨询中,生涯族谱可以帮助咨询师和来访者确定其家庭中可能对来访者职业期望的形成具有重要意义的个人。此外,咨询师借助生涯族谱,可以更好地理解来访者对工作世界的看法,可以识别来访者的重要他人或来访者认为限制其职业发展的可能障碍因素。

生涯族谱可以由个人独立完成,也可以在咨询师的帮助下完成。尽管许多学者建议将家庭影响纳入职业咨询过程,但咨询师受到缺乏适当的信息收集模式、协议或技术的限制,生涯族谱就是早期解决这一困境的方法。使用生涯族谱这种方法可以很容易地了解直系亲属和大家庭对个体职业发展的影响。生涯族谱综合了当前以及历史上多代人对职业发展模式的探索成果,可以帮助来访者与咨询师预测家庭成员的角色、行为和态度,以及特定家庭成员未实现的目标;指出所有类型的家庭模式,讨论不同家庭标准的压力;为来访者建立一个新的视

---

* 孙晨光,中国人民大学劳动人事学院博士后,中国地质大学(北京)马克思主义学院讲师。

角，而咨询师也可以自由地提出更多反映家庭动态的问题。

如前所述，直系亲属和大家庭可以为来访者独特的优势与劣势提供丰富的视角。在职业选择方面，从拥有共同祖先的不同家庭成员的角度来理解个人发展，可以获得一些难以解释的、遗传性的职业决策信息。生涯族谱可以让咨询师探索来访者的职业认同的发展，同时也可以形象化地分离出来访者的职业决策路径的一些根源和影响。生涯族谱有助于来访者和咨询师从家庭这个角度来理解职业期望的来源，有助于明确家庭对职业选择的影响和对成功的定义。它可以把来访者的规划变得更有想象力，以家族史、人际网络和人际关系作为基础，它允许人们将自己的生活选择从家庭的选择中分离出来。显然，为许多现代家庭准备生涯族谱可能是令人望而却步的一项大工程，因为有着明确供养者和养育者角色的传统家庭很难找到（Gysbers et al., 2003）。

生涯族谱适用于以下几个场景：
- 提供职业影响的视觉图像；
- 揭示家庭系统的模式和主题；
- 反思家庭的积极/消极影响；
- 探索家庭和传统如何影响职业决策。

生涯族谱类似于家谱，不同的是，生涯族谱不仅列出了家庭成员的姓名，还列出了他们的职业信息。如果来访者能尽可能详细地列出兄弟姐妹、姨婶、叔伯，甚至祖父母的信息，生涯族谱这个工具就能得到更充分的利用。如果来访者愿意，那么他也可以将对他有重要影响的朋友、上司或导师纳入生涯族谱。总之，来访者给出的信息越多，咨询的效果就越好。在咨询过程中，咨询师可使用以下提示语：

- 生涯族谱对你有帮助吗？为什么？
- 你的家庭成员对你有什么积极或消极的影响？其他人（如导师或朋友）如何影响你？
- 谁是你想效仿的人？谁是你不想效仿的人？
- 你如何将生涯族谱应用于求职过程或职业决策？
- 你是否通过生涯族谱找到了主题（教育、历史、经济、政治、宗教、精神等）？

3. 工具内容

创建生涯族谱的最佳方法是先向来访者解释生涯族谱的用途，然后收集历史信息（Brown & Brooks, 1991; Chope, 2000），分别确定家属的教育背景和工作经验。可以先从四位祖父母这一代人开始,再添加他们的孩子(如果有的话),包括来访者的父母、姨婶、叔伯,最后添加来访者与兄弟姐妹。

有了这些信息,来访者就可以构建一份生涯族谱。生涯族谱不是标准化的,构建它的方法有许多。在互联网上有超过8 000个有关生涯族谱的网站,通过简单地搜索"生涯族谱"这个词就可以识别出来。许多符号可以在生涯族谱中使用,以增加其复杂性(Gysbers et al.,2003;Gysbers & Moore,1987)。当生涯族谱完成后,咨询师可以询问相关问题以进一步探索和分析结果。这些问题有助于填补现有信息中的空白。至于一些可以向来访者提出的问题,在许多论文中都有概括(Chope,2000;Dagley,1984;Gysbers et al.,2003;Gysbers & Moore,1987)。典型的问题包括:

- 你的家庭模式是怎样的?
- 你的哪些家庭成员有明确的工作身份?
- 你最崇拜哪个家庭成员?
- 你最认同哪个家庭成员?
- 哪个家庭成员的职业抱负和你最相似?
- 哪个家庭成员对你的职业认同产生最大的影响?
- 当你与其他家庭成员比较时,你有什么压力?
- 你的家庭的主导价值观是什么?
- 你的家庭有哪些传奇人物?
- 你的家庭有没有世代流传的传奇事件?
- 你的家庭有什么秘密?
- 你是否有来自家庭"未竟事业"的压力?
- 你传承了哪些家庭互动规则?
- 家庭中,谁在发声?谁在沉默?
- 你认为家族传奇会产生什么影响?
- 每个家庭成员在做决定时会感受到经济压力或职位压力吗?
- 你认为成功的意义是什么?
- 你们家庭成员之间的界限是什么?
- 你们的家族传统是什么?
- 家庭成员是如何帮助你平衡学习、工作和娱乐的?

使用生涯族谱可以获得大量的信息,包括决策的本质、权力、政治信仰、愤怒、药物滥用、成瘾行为和情感需求。从生涯族谱中提取的信息可以继续用作探索家族史和围绕家庭的主题。例如,Savickas(1993)在生涯族谱中寻找故事,并让来访者发现家族中的英雄人物。Kuehl(1995)认为,当来访者的职业问题可以与某种家庭关系或家庭情境联系起来时,他们会感到有人愿意倾听他们的想法。Papp & Imber-Black(1996)认为,在构建生涯族谱时,主题可以变得明显一些,然后进行跨代追踪。他们提供了一些问题供咨询师在这一过程中参考,这些问题也可以改变人们对代际主题的态度:

- 家庭成员持有的哪些信念或态度会影响到当前的问题?
- 家庭成员的日常互动模式是怎样的?这种模式的中心主题是什么?
- 使用生涯族谱,提出与主题相关的问题,并隔代寻找重复的主题。
- 观察主题是如何在家庭之外的环境中演变的。
- 设计一组可以改变或挑战主题的问题。
- 考虑一下解决这些问题的可能的干预措施。

生涯族谱可以作为一个集体活动来分享,也可以在研讨会、职业课程和个人活动中起到破冰的作用。然而,Gysbers et al.(2003)认为,生涯族谱可能并不适合每个人。有些来访者可能会觉得这个工具太个人化了,与他们对职业咨询的预期不一致,甚至有些来访者会认为这是对隐私的侵犯。Brown & Brooks(1991)观察到,使用生涯族谱进行咨询可能既耗时又耗费。当来访者不知道自己的家族史时,他们可能会感到沮丧,而且不恰当的提问可能会引发来访者对家族影响力的负面情绪。生涯族谱的使用需要咨询师具备高水平的咨询技能,而同样的信息可以通过恰当的面试问题、回溯性问题或随访问题来获得。

4. 使用方法和步骤

在职业咨询中使用生涯族谱只需要三个步骤。这三个步骤是在咨询师与来访者的谈话中完成的,通常是愉快的谈话,因为来访者大多时间都在谈论自己的家人。

第一步:构建生涯族谱

在来访者的指导下,咨询师画一个草图,记录来访者的家庭成员的姓名和职业。Bowen(1980)建议用正方形表示男性,用圆圈表示女性;同一代的所有成员要尽量画在同一层级上;家庭成员的历次婚姻以及这些婚姻带来的孩子都要包括在内。

第二步:确定职业

在所有的家庭成员都被编入谱图之后,咨询师和来访者可以有多种选择。专业的建议是标注出重要生活事件的日期,从而提供一个时间视角,然后列出每个人的职业。

第三步：与来访者探讨

花费 90 分钟左右的时间，与来访者就每位家庭成员的工作及其对来访者的影响进行交流。

5. 样例

指导语：考虑那些影响你职业观念的人。描述他们的职业，无论是有偿的还是无偿的，并列出他们在各自职业领域接受的任何教育或培训。

家庭成员	职业	教育或培训
父母/监护人		
兄弟姐妹		
其他同辈		
(外)祖父母		
姨婶/叔伯		
其他家族成员		
朋友		

（1）在你的家庭中，有没有什么职业（如商业、法律、军事、教育、医学等）反复出现？如果有，是哪些？在你年轻的时候，有没有一份工作让你感兴趣或给你留下深刻印象？

（2）你的生涯族谱显示或反映了你怎样的社会经济地位（如蓝领、专业人士等）？

（3）你家庭成员的工作价值是什么？例如，安全感、高薪、帮助他人等。

（4）你的父母/监护人是否在外面工作？如果他们都在外面工作，这对你有什么影响？如果只有一个人在外面工作，这对你有什么影响？

（5）是否有家庭成员希望你从事他们无法从事的职业？如果有，是什么职业？

参考资料：

Bowen, M. (1980). *Key to the genogrum*. Washington, DC：Georgetown University Hospital.

Brown, D. & Brooks, L. (1991). *Career counseling techniques*. Boston：Allyn & Bacon.

Chope, R. C. (2000). *Dancing naked: Breaking through the emotional limits that keep you from the job you want.* Oakland, CA: New Harbinger.

Chope, R. C. (2005). Qualitatively assessing family influence in career decision making. *Journal of Career Assessment*, 13(4), 395-414.

Dagley, J. (1984). A vocational genogram. Unpublished document, University of Georgia, Athens.

DeMaria, R., Weeks, G., & Hof, L. (1999). *Focused genograms: Intergenerational assessment of individuals, couples, and families.* Philadelphia: Taylor & Francis.

Gysbers, N. C., Heppner, M. H. & Johnston, J. A. (2003). *Career counseling: Process, issues, and techniques.* Boston: Allyn & Bacon.

Gysbers, N. C. & Moore, E. J. (1987). *Career counseling: Skills and techniques for practitioners.* Englewood Cliffs, NJ: Prentice Hall.

Kuehl, B. (1995). The solution oriented genogram: A collaborative approach. *Journal of Marital and Family Therapy*, 21, 239-250.

Okiishi, R. W. (1987). The genogram as a tool in career counseling. *Journal of Counseling and Development*, 66, 139-143.

Papp, P. & Imber-Black, E. (1996). Family themes: Transmission and transformation. *Family Process*, 35, 5-20.

Savickas, M. L. (1993). Vocational psychology in the post modern era: Comment on Richardson (1993). *Journal of Counseling Psychology*, 41, 105-107.

Sears, B. J. & Gordon, V. N. (2002). *Building your career: A guide to your future* (3rd ed.). Prentice-Hall: Upper Saddle River.

第2章

家庭历史工作表

孙晨光[*]

1. 简介

家庭历史工作表(Family History Worksheet)是 Taylor(2003)创建的。Taylor 在职业咨询中关注多代人的影响,由此她要求来访者就他们自己的工作和事业采访六位家庭成员或亲密的朋友,并要求被采访者来自至少三个不同的世代(同辈一代、父母一代、祖父母一代)。同辈一代包括兄弟姐妹、表亲、配偶或伴侣;父母一代包括父母、继父母、养父母、叔伯、姨婶;祖父母一代也包括外祖父母。

2. 家庭历史工作表的作用

家庭历史工作表与生涯族谱一样,为来访者提供一个机会去探索一些形成家庭传统和家风的历史。它还提供一个框架,用于进一步收集来访者的信息,以发现他们具有哪些代际特征。

3. 使用方法和步骤

在选定六位被采访者后,咨询师开始收集被采访者的信息。人口统计学信息包括年龄、工作地点、工作任务和薪酬。此外,咨询师还会要求被采访者描述自己最喜欢的工作,包括工作任务、工作中的人际关系、工作价值,以及最喜欢的雇主和同事类型。最后,被采访者会被问及目前的工作状态,或最后一次的全职工作经历。Taylor(2003)还建议来访者请被采访者提出四个"提示"或重要的建议。

以下是需要向六位被采访者询问的问题:

---

[*] 孙晨光,中国人民大学劳动人事学院博士后,中国地质大学(北京)马克思主义学院讲师。

(1) 关于你的第一份工作。
　　① 你的工龄有多久？_____
　　② 你在哪里工作？_____
　　③ 你负责哪些工作？_____
　　④ 这份工作是全职的还是兼职的？_____
　　⑤ 你的薪酬是多少？_____
(2) 关于你最喜欢的工作。
　　① 你在哪里工作？_____
　　② 你的工作职责是什么？_____
　　③ 这份工作是全职的还是兼职的？_____
　　④ 你的薪酬是多少？_____
(3) 关于你最喜欢的公司或雇主。
　　① 是什么让你最喜欢这家公司或这个雇主？_____
(4) 关于你目前的工作。
　　① 你在哪里工作？_____
　　② 你做了什么？_____
　　③ 这份工作是全职的还是兼职的？_____
　　④ 你的薪酬是多少？
(5) 关于工作建议。
　　① 在工作和职业发展方面，你会给家人提出哪些建议？

参考资料：

Chope, R. C. (2005). Qualitatively assessing family influence in career decision making. *Journal of Career Assessment*, 13(4), 395-414.

Taylor, T. (2003). Family work history. Unpublished document, Career Tayloring, Career Counseling & Consulting Services, Livermore, CA.

第3章

重要他人问卷

孙晨光[*]

1. 简介

重要他人是指在来访者心理人格形成过程中对其有重要影响的具体人物,如父母长辈、兄弟姐妹、老师、同事、朋友等。对来访者的生涯发展而言,周遭的重要他人对其有很大的影响,因此在开展生涯咨询活动时,咨询师要了解谁是来访者的重要他人、重要他人给予了来访者什么形式的社会支持(或不支持)、支持(或不支持)程度如何等。重要他人的社会支持有几种方式,如金钱支持、物资支持、意见支持、情感支持等,有些重要他人的支持可能兼有多种方式,也可能随时间而改变。获得重要他人的信息有许多不同的方式,如从来访者口中得知,通过电话访问(或面谈)重要他人得知,通过邀请重要他人参与咨询得知,等等。

Amundson(1998)创建了一种直接、独特的临床方法以收集来访者家庭成员的信息,邀请重要的家庭成员作为观察者参与咨询过程。例如,来自一个家庭的两三个青少年可能会与父母一起参加咨询,父母就诸如劳动力市场状况等相关问题提出自己的观点。最重要的是,父母被要求就孩子的能力、兴趣和个人特征给出自己的看法,因为这些都与他们周围的工作环境有关。当重要他人(如家庭成员或社区成员)无法参与咨询过程时,Amundson(2003)建议可使用重要他人问卷(Significant Others Questionnaire)直接获取有用的信息,包括重要他人对来访者的看法和对其未来职业发展方向的建议。在询问重要他人意见之前,咨询师要与来访者商量谁是最适合填答重要他人问卷的人,且问卷里的题目可视情况增减或修改,得到的结果也要与来访者一起整理和讨论。

---

[*] 孙晨光,中国人民大学劳动人事学院博士后,中国地质大学(北京)马克思主义学院讲师。

2. 使用方法和步骤

首先,请来访者谈一谈自己的能力和兴趣所在,询问其是否想知道他熟悉的人对这一问题的看法。告诉他,收集一些别人对他能力、兴趣的看法和对工作、生涯的建议,有助于他更清晰、全面、客观地认识自己。

然后,请来访者确定几位最了解他并愿意配合填答问卷的人,告知问卷填答者如何填答问卷,并确定问卷返回的时间。

最后,重要他人填答问卷。

3. 问卷内容

你的意见对_____(来访者姓名)未来的生涯计划很重要,请你真诚、准确地回答以下问题:

① 你认为他/她擅长什么？他/她在哪些方面能力突出？
② 你认为他/她的主要兴趣是什么？
③ 你认为他/她有哪些个人特质？
④ 从过去到现在,你注意到他/她有哪些积极的改变？特别是在工作或工作价值观方面。
⑤ 你认为他/她在哪些方面需要持续改进？
⑥ 你注意到他/她有哪些正向的能力和特质,且这些能力和特质是他/她自己没有发现的？
⑦ 你会给他/她的工作或生涯发展提出哪些建议？

正如前面提到的,重要他人的意见也可以通过邀请来访者的重要他人共同参与咨询获得,讨论仍将围绕问卷内容展开。Amundson & Penner(1998)建议,如果邀请来访者的父母参与面对面讨论,最好让他们担任观察者的角色,以免咨询过程被他们主导或控制;但是,这并不意味着来访者的父母不能表达意见。这个建议的目的是让来访者不受在场父母的影响而能坦诚地表达自己的想法。其实,既然邀请了来访者的父母参与,却不让他们畅所欲言是很难的。因此,不如制定谈话规则,比如双方轮流表达意见、不轻易打断对方的话、尊重和接纳对方的观点等,这里不妨考虑结构化研讨的方式。

参考资料：

Amundson, N. E. (1998). *Active engagement: Enhancing the career counseling process*. Richmond, BC, Canada: Ergon Communications.

Amundson, N. E. (2003). Applying metaphors from physics to career/life issues. *Journal of Employment Counseling*, 40, 146-160.

Amundson, N. E. & Penner, K. (1998). Parent involved career exploration. *The Career Development Quarterly*, 47(2), 135-144.

Chope, R. C. (2005). Qualitatively assessing family influence in career decision making. *Journal of Career Assessment*, 13(4), 395-414.

第4章

家庭星座问卷

孙晨光[*]

1. 简介

家庭星座是心理学家艾尔弗雷德·阿德勒（Alfred Adler）提出的，他将家庭中每个成员共同构成的家庭结构比作银河系里的星座，使用家庭星座来描述家庭体系中每个成员的位置。阿德勒指出，家庭星座由父母、孩子和其他家庭成员组成，家庭成员的出生顺序影响他对生活方式的选择。在家庭星座里，孩子通过与其他孩子的关系定义自己，以及自己与家庭中其他成员的不同之处或相同之处。

家庭星座是了解个体行为的方法之一。个体在家庭中的人际关系会影响其人格发展及其在社会中的互动方式。个体的知觉、解释、评估外在世界的参考架构是在家庭中逐步发展出来的。了解个体的家庭经验，可以帮助咨询师理解个体的目标和想法。家庭星座对个体发展的影响是动态的，个体和家人之间互相影响彼此的行为和反应，家庭环境也会随着时间和事件有所变化，如家庭经济状况改变、搬家、父母离婚、其他孩子的出生。由于家庭星座是动态的，在同一个家庭中长大的孩子所处的家庭气氛也会不同。个体对自己在家庭星座中的位置感受是主观的，取决于自身对经验的解释。对于同一起事件，有些个体的感受是愉快的，有些则不是，这些主观的印象是个体人生态度的基础。

2. 家庭星座问卷的作用

通过使用家庭星座问卷（Family Constellation Questionnaire），可以看到家庭生活方式的改变、长期的政府援助模式和社会经济地位如何影响来访者对工作、职业和责任的看法，且该问卷能够解释不同个体对多元文化的看法、工作伦理和价值观上的差异（Peterson & Gonzalez, 2005）。此外，家庭星座问卷还可以启发

---

[*] 孙晨光，中国人民大学劳动人事学院博士后，中国地质大学（北京）马克思主义学院讲师。

咨询师有效地将职业咨询的知识应用到许多其他类型的咨询中。

3. 使用方法

家庭星座问卷可以服务于大学生(包括研究生)的职业选择和职场人的职业转换。它能够帮助使用者理解家庭影响、构建生涯族谱，也可以作为咨询师收集来访者信息的指南。家庭星座问卷一般包含以下几个问题：

① 你的种族和民族背景是怎样的？
② 影响你职业决策的重要因素有哪些？
③ 你父亲、母亲的职业分别是什么？
④ 你有几个兄弟姐妹？
⑤ 你在兄弟姐妹中排行第几(以出生顺序为准)？
⑥ 你父母对你的教养方式是怎样的？
⑦ 你父母对你的职业有什么期望？
⑧ 你父母的婚姻状况如何？
⑨ 你四位祖父母的职业分别是什么？
⑩ 你换过多少次工作？
⑪ 你对目前职业选择的满意度如何？

参考资料：

Adler, A. (1931). *What life should mean to you.* Yew York: Martino Fine Books.

Chope, R. C. (2005). Qualitatively assessing family influence in career decision making. *Journal of Career Assessment*, 13(4), 395-414.

Peterson, N. & Gonzalez, R. (2005). *The role of work in people's lives: Applied career counseling and vocational psychology* (2nd ed.). Pacific Grove, CA: Brooks/Cole.

第5章

家 庭 协 议

孙晨光*

1. 简介

职业咨询既不是个人咨询,也不是家庭治疗,而是与信息紧密相连的活动。这些信息往往是非常私密的,并且与家庭对个体的影响紧密相连(Chope,2000)。Chope(2000)相信,职业咨询师应该与来访者深入探讨他们的出身对职业决策的影响。以往许多职业咨询师对来访者的家庭信息漠不关心,这可能是由于咨询师没有能力去梳理与来访者职业相关的个人问题和家庭问题。咨询师在评估来访者家庭角色时缺乏一个既定的标准,也缺少处理家庭问题的培训。因此,学者基于家庭和职业发展相关关系的研究,开发了家庭协议(Family Protocol)这一工具(Phillips et al.,2001;Schultheiss,et al.,2001;Chope,2001,2002,2003)。

2. 家庭协议的作用

咨询师可以通过家庭协议这一工具,帮助来访者理解家庭背景、成长、支持与冲突如何影响职业决策,以优化他们的职业规划。在适当的指导下,来访者可以在职业咨询过程中更频繁地邀请父母和兄弟姐妹作为支持性伙伴。咨询师可以使用家庭协议工具从来访者的成长经历中提取重要信息,并添加到用于收集、组织和理解家庭环境数据的建构主义策略中。家庭协议工具已成功地应用于多种族、多文化背景和多样化的来访者生涯咨询。

---

* 孙晨光,中国人民大学劳动人事学院博士后,中国地质大学(北京)马克思主义学院讲师。

3. 工具内容

问题1：家庭为你提供了哪些与职业相关的信息？家庭是否给你带来了不同的可能和新的体验？对于学业、培训或职业，家人对你有什么建议？

家庭对未来的预想，往往远远超过来访者自身拥有的信息基础。通常情况下，家长会引导孩子选择他们认为对孩子最好的学校或职业道路。因此，咨询师需要确定家庭中是否存在"强迫性指导"，也就是父母是否在没有考虑孩子意愿的情况下给出意见。咨询师还应了解家庭对男性和女性在工作中所扮演的特定角色的看法。选择当律师助理或护士的男性通常会让一些传统的父母感到尴尬，因为这些父母认为这类职业一般由女性承担。

此外，什么职业信息来自家庭传统？家庭是否因考虑到对家庭地位的积极影响而倾向于让孩子选择特定的学校或职业道路？我们发现，许多来自中小型家族企业的来访者面临继续从事相关行业的巨大压力，但家族认为继续从事相关行业在经济上是明智的，对家族中的每个人都有利。

问题2：家庭为你提供了哪些切实的援助？是否有任何附加条件？

经常有来访者会说，只要他们去了父母选择的学校，他们的父母就会主动支付学费。因此，咨询师应该意识到家庭财富在生活和文化中的重要性，并判断来访者是否受到金钱的"要挟"。

问题3：家庭提供了什么样的情感支持？

咨询师需要知道的是，不管来访者选择做什么，来访者能够得到多少家庭情感上的支持。如果家庭对来访者的决策报以"不过度干预"且支持的态度，那么来访者应该心存感激。有时来访者会说"我父母只是想让我开心"。但那是情感上的支持还是压力呢？如果家庭选择不参与孩子的职业决策，那么是因为他们对孩子的职业追求不感兴趣，还是对孩子未来的发展有先入之见？咨询师应该探究这一点。同样重要的是，咨询师还要弄清楚家庭是否曾试图劝导来访者放弃某个特定的计划。

问题4：你是否担心职业选择对家庭的影响？

有些来访者希望得到家人的意见，以便考虑自己的选择对家庭其他成员的影响。这能使家庭和睦，但它也会导致消极的结果。比如，如果来访者不总是为家庭着想，那么他反而可能有一个更令人满意的职业道路。

问题5：什么破坏性的家庭事件影响了你或其他家庭成员？

来访者应探究任何可能影响其父母职业发展的因素，如地理位置的改变、失业、婚姻和经济状况的变化、自然灾害等。咨询师应该确定这些变化如何影响来访者的职业发展。童年生活的变动还会影响来访者对童年学习发展的记忆。一些军人的孩子在童年时期曾多次背井离乡,因此他们很难交到亲密的朋友,这后来也影响了他们的社交能力。有些来访者害怕做出糟糕的决定,他们可能会寻求家庭方面的建议,他们害怕因一个与家庭文化不一致的职业选择而给家庭带来耻辱。在这种情况下强调家庭影响,可能反映了来访者对自我的怀疑。来访者往往害怕追求自己的独特性,因此会选择家庭给出的(认可的)更安全的道路。他们在将自己和他人进行比较时,也需要借由家庭的帮助让自己相信能在竞争激烈的职场中脱颖而出。

问题 6:被请求帮助的家庭成员和未被请求帮助的家庭成员分别采取什么行动?在这些家庭成员中,哪些人受到欢迎,哪些人没有受到欢迎?

这个问题的框架使用了 Phillips et al.(2001)的两个类别:一是想要参与来访者职业发展的人的行为(即使他们没有被要求),二是来访者想要请求帮助的人的行为。这两个类别可以帮助理解来访者在家庭规则、秩序和传统方面所承受的压力。还有一个更深层次的问题,即那些被要求提供帮助的人,谁提供了帮助,谁没有提供帮助?咨询师应当对来访者寻求帮助时家庭成员的反应很敏感,并确定其支持水平。当然,家庭可能会出于自私的原因做出特殊的反应。咨询师也可以利用这些信息确定来访者的决策的独立性。有些来访者从未有过独立做决定的经验,有些来访者则很少咨询家庭成员的意见。但来访者通常有很好的理由去邀请其他家庭成员提供建议,而咨询师应该知道这些理由。

根据 Chope(2005)的家庭协议可以看出,在来访者做职业决策的过程中,家庭成员可以帮助来访者,但也要注意以下四点:

首先,家庭成员可以多听、少评判。家庭成员可以通过减少对传统成功衡量标准的关注为来访者提供帮助,也可以帮助来访者定义什么是成功以及哪些是负责任的行为。

其次,家庭成员可以帮助来访者解决一些难题,比如斜杠职业是否比一份全职工作更合适来访者。了解其他家庭成员相似的选择和经历可能非常有用,支持性的家庭成员可以向来访者传达一些新的信息。

再次,在来访者探索不同的职业道路时,家庭成员可以适当支持冒险性的行为和新的选择。家庭过去的历史和职业故事,可以支持来访者去追求未知的道路。家庭成员可以帮助来访者跳出原有的思维框架,并充当一个有创意的"参谋"。

最后,良好的家庭互动应被视为人际交往过程的启动模式。这种家庭互动过程提高了来访者的社会整合,并且可以作为他与非家庭成员建立关系的模板。那些通过家庭网络建立了联系和伙伴关系的客户,在建立更强大的社会联系和潜在就业网络方面处于更有利的地位。

参考资料：

Chope, R. C. (2000). *Dancing naked: Breaking through the emotional limits that keep you from the job you want.* Oakland, CA: New Harbinger.

Chope, R. C. (2002). Family matters: Influences of the family in career decision making. Special Conference Publication of the Year 2002 International Career Development Conference. (ERIC Counseling & Students Services Clearinghouse Contract no. ED-99-CO-0014). Greensboro, NC: ERIC/CASS.

Chope, R. C. (2001). Influence of the family in career decision making: Identity development, career path and life planning. *Career Planning and Adult Development Journal*, 17, 54-64.

Chope, R. C. (2005). Qualitatively assessing family influence in career decision making. *Journal of Career Assessment*, 13(4), 395-414.

Chope, R. C. (2003). Using the family of origin in career counseling. In G. Walz & R. Knowdell (Eds.), *Global realities: Celebrating our differences, honoring our connections* (pp. 67-78). Greensboro, NC: CAPS Press.

Phillips, S. S., Christopher-Sisk, E. K. & Gravino, K. L. (2001). Making career decisions in a relational context. *The Counseling Psychologist*, 29, 193-213.

Schultheiss, D., Kress, H., Manzi, A. & Glasscock, J. (2001). Relational influences in career development: A qualitative inquiry. *The Counseling Psychologist*, 29, 214-239.

第6章

职业生涯图

孙晨光[*]

1. 简介

与生涯族谱相比,职业生涯图(Career-O-Gram)(Thorngren & Feit, 2001)主要关注职业历史,允许来访者通过图形来探索家庭背景问题。Thorngren & Feit (2001)考察了后现代主义在职业咨询中的作用,并丰富了职业咨询理论,以体现每个人独特的职业经历中固有的环境影响。职业生涯图作为探索背景因素对职业发展的影响的工具,常常被用来定性地评估和描绘个体职业决策过程中的家庭背景影响。

2. 职业生涯图的作用

职业生涯图作为职业生涯管理工具,可以定性地评估对职业发展产生影响的多重因素。该工具非常灵活,可以单独使用,也可以与大多数成熟的职业发展工具结合使用以获取更多的信息。心理动力、人际关系、社会、文化及人格对职业发展的影响,都可以使用职业生涯图进行定性探索。

3. 使用方法

咨询师可以引导来访者回答以下问题:
- 你最早的职业目标(理想职位)是什么?
- 当你制定这个目标时,你多大?
- 在你的生活中,哪些重要的人鼓励过你?哪些人曾劝你放弃?
- 这个职位的哪些方面最吸引你?
- 你得到这个职位的机会有多大?

---

[*] 孙晨光,中国人民大学劳动人事学院博士后,中国地质大学(北京)马克思主义学院讲师。

- 你认为你需要做什么才能达到这个职业目标?

咨询师还可以提出其他问题,但问题应集中在个体的、人际关系的、心理动力的、社会的影响方面。同时,咨询师应谨慎应对多文化、多族裔、性别和政治相关事件。可选择的一些问题如下:

- 这个选择和与你文化背景相似的其他人的选择相似吗?
- 作为一名男性/女性,你收到过哪些关于职业选择的信息?
- 在做职业决策时,你认为自己的能力有多大?
- 当你做出这个选择时,你周围的世界发生了什么变化?
- 谁影响了你的政治观点?
- 这对你的日常生活有什么影响?

如果某一特定的家庭特征对来访者产生重大影响,咨询师就可以问这样一个问题:"你的家庭在讨论每个人对事件的感受时采用什么规则?"

这些问题和其他问题的答案都会被咨询师总结在一张带有符号的图表上。从最早的职业目标开始,咨询师将会询问来访者的其他目标以及他们曾经的工作。圆形代表来访者的职业发展阶段;矩形反映一个主要的目标或工作;钻石形状的符号象征人际关系;大箭头表示来访者生活中的某些主题;细箭头表示变量之间的关系及其对来访者职业发展阶段的影响。

职业生涯图可以在一两个时间段内完成,用于收集信息的问题不像回顾问题那样照本宣科,而最后得到的信息也不像生涯族谱一样翔实。相反,职业生涯图呈现了主要的环境影响,并显示了它们在来访者职业决策过程中的关系,可以帮助来访者了解家庭和环境问题如何影响职业决策。

参考资料:

Bowen, M. (1978). *Family therapy in clinical practice*. New York: Jason Aronson.

Chope, R. C. (2005). Qualitatively assessing family influence in career decision making. *Journal of Career Assessment*, 13(4), 395-414.

Thorngren, J. & Feit, S. (2001). The career-o-gram: A postmodern career intervention. *Career Development Quarterly*, 49, 291-303.

Thorngren, J. M. & Feit, S. S. (2001). The career-o-gram: A postmodern career. *The Career Development Quarterly*, 49(4), 291-303.

第7章

青少年—父母职业生涯一致性量表

何俣铤[*]

1. 简介

家庭成员(尤其是父母)对青少年的职业发展有着深刻影响,不仅体现在其价值观、兴趣、动机、坚持性等职业态度能力的形成及表现上,还体现在他们的目标设置、目标实现、职业策略、职业探索等行为结果方面。对于青少年来说,若能够与父母在职业目标和抱负的问题上达成一致,他们将会在职业生涯中做出更积极的表现,而分歧则会对其职业生涯造成不利影响。

基于 Kristorf(1996)职业生涯匹配类型的观点,Sawitri et al. (2013)开发了青少年—父母职业生涯一致性量表(Adolescent-Parent Career Congruence Scale),包括互补性匹配和相似性匹配两个分量表。其中,互补性匹配是指青少年对父母给予的职业支持,以及父母对其职业进步的满意度等方面的评价;相似性匹配则反映了青少年与父母在职业观点和职业取向等问题上态度相似性的感知。

2. 信度与效度

互补性匹配分量表和相似性匹配分量表的内部一致性及初始效度良好,内部一致性系数分别为 0.83 和 0.80,总量表内部一致性系数为 0.87。验证性因子分析结果表明,二因子结构模型与数据的拟合度较好。此外,青少年—父母职业生涯一致性量表及分量表与父母支持、父母期望满足、生活满意度之间存在中等相关,但这些构念具有一定的区分度。

3. 量表内容

青少年—父母职业生涯一致性量表如表 5-7-1 所示。请你根据自己的实际

---

[*] 何俣铤,中国人民大学劳动人事学院博士研究生。

感受和体会,对下列题项表述进行评价和判断,选择最符合自身实际情况的选项。

表 5-7-1　青少年—父母职业生涯一致性量表

维度	序号	题项	非常不符合	不符合	比较不符合	比较符合	符合	非常符合
互补性匹配	1	父母鼓励我探索自己感兴趣的职业领域	1	2	3	4	5	6
	2	父母支持我的职业计划	1	2	3	4	5	6
	3	父母教我如何获得职业兴趣的相关信息,如参加职业分享、与某些人交谈	1	2	3	4	5	6
	4	父母认可我对未来职业生涯的规划	1	2	3	4	5	6
	5	父母对我在职业上取得的进步感到高兴	1	2	3	4	5	6
	6	父母帮助我探索自己的职业兴趣,如给我买书、带我参观职业博览会	1	2	3	4	5	6
	7	父母对我目前在职业目标上付出的努力感到满意	1	2	3	4	5	6
相似性匹配	8	父母希望我拥有的职业生涯与我自身的期望是一致的	1	2	3	4	5	6
	9	父母与我有相似的职业兴趣	1	2	3	4	5	6
	10	我给自己制订的职业计划与父母为我制订的计划是相似的	1	2	3	4	5	6
	11	我感兴趣的职业领域符合父母的期望	1	2	3	4	5	6
	12	父母和我对职业成功的看法是一致的	1	2	3	4	5	6

参考资料:

Kristof, A. L. (1996). Person-organization fit: An integrative review of its conceptualizations, measurement, and implications. *Personnel Psychology*, 49, 1-49.

Sawitri, D. R., Creed, P. A. & Zimmer-Gembeck, M. J. (2013). The adolescent-parent career congruence scale: Development and initial validation. *Journal of Career Assessment*, 21(2), 210-226.

第8章

感知的父母职业相关行为量表

何俣铤[*]

1. 简介

父母是帮助青少年为职业选择做准备的主要伙伴。尽管一些研究已经考察了父母与青少年的关系和青少年职业发展之间的联系,但很少有研究涉及其中的作用机制。Dietrich & Kracke(2009)开发并验证了一个评估父母职业相关行为的工具——感知的父母职业相关行为量表(Perceived Parental Career-related Behaviors Scale),并分析了相关因素与职业探索和决策困难的联系。感知的父母职业相关行为量表有三个维度,分别为父母支持、父母干预和缺乏参与。

2. 信度与效度

感知的父母职业相关行为分量表的内部一致性都达到基本要求。在父母支持分量表中,女性和男性的内部一致性系数分别为0.93、0.84;在父母干预分量表中,女性和男性的内部一致性系数分别为0.72、0.78;在缺乏参与分量表中,女性和男性的内部一致性系数分别0.68、0.75。

3. 量表内容

感知的父母职业相关行为量表(见表5-8-1)旨在衡量你感知到的父母职业相关行为,请你根据自己的实际感受和体会,对下列题项表述进行评价和判断,选择最符合自身实际情况的选项。

---

[*] 何俣铤,中国人民大学劳动人事学院博士研究生。

表 5-8-1　感知的父母职业相关行为量表

维度	序号	题项	不符合	比较不符合	比较符合	完全符合
父母支持	1	我的父母与我谈论我的职业兴趣和能力	1	2	3	4
	2	我的父母鼓励我寻找自己感兴趣的职业信息	1	2	3	4
	3	我的父母支持我去实习	1	2	3	4
	4	我的父母就我可选择的职业提供建议	1	2	3	4
	5	我的父母和我谈过各种职业的学习机会	1	2	3	4
父母干预	6	我的父母对我未来的职业有他们自己的想法,并试图影响我	1	2	3	4
	7	我的父母对我的职业准备干预太多	1	2	3	4
	8	我父母试图把他们对我未来职业的想法强加于我	1	2	3	4
	9	我父母会劝我放弃他们不喜欢的职业	1	2	3	4
	10	关于我未来的职业,我的父母试图把我引向某个方向	1	2	3	4
缺乏参与	11	我的父母对我未来的职业不太感兴趣	1	2	3	4
	12	我的父母不关心我的职业准备	1	2	3	4
	13	我的父母无法支持我的职业准备,因为他们对不同的职业知之甚少	1	2	3	4
	14	我父母无法支持我的职业准备,因为他们太忙了	1	2	3	4
	15	我父母无法支持我的职业准备,因为他们自己在工作中也面临困难	1	2	3	4

参考资料:

Dietrich, J. & Kracke, B. (2009). Career-specific parental behaviors in adolescents' development. *Journal of Vocational Behavior*, 75(2), 109-119.

第六篇
职业成功

第1章

职业成功观

周文霞*

1. 简介

随着新型职业生涯模式的出现,职业成功不再单纯地体现为外在的客观成功,个体对于职业成功的定义越来越多元化。每个人对成功都有自己的定义,而且在不同的时代,人们对职业成功的定义也有所不同。职业成功标准具有价值观的特征,由此 Zhou et al. (2012)提出了职业成功观(Criteria of Career Success)的概念,并基于中国样本,将定量研究与定性研究相结合,采用深度访谈、探索性因子分析和验证性因子分析的方法,提出职业成功观三维度模型,开发职业成功观量表,该量表共包括 21 道题。因子分析结果表明,中国人心目中的职业成功观可分为三个维度,分别是外在报酬、内在满足和工作—生活平衡。基于自我决定理论,内在满足为个体的职业发展和行为提供内在动机,而外在报酬与工作—生活平衡则为个体提供外在动机,这些结论在相关研究中也得到证明。

Pan & Zhou(2015)以 Zhou et al. (2012)的研究成果为基础,进一步对职业成功观量表进行检验,开发出量表的精简版本(共 10 道题)。通过三项独立的研究进行数据收集,研究结果再次证明,原始量表和精简版量表都具有良好的内部一致性信度、结构效度、聚合效度和区分效度。

2. 信度与效度

原始量表的信度系数为 0.84,效度检验结果为 $\chi^2/df = 5.02$,NFI = 0.93,FI = 0.94,NNFI = 0.94,CFI = 0.94,RMSEA = 0.066;精简版量表的信度系数为 0.70。验证性因子分析结果表明,主观职业成功具有良好的结构效度:$\chi^2/df = 3.70$,基准拟合指数(NFI) = 0.95,增量拟合指数(IFI) = 0.96,NNFI = 0.95,CFI = 0.96,RMSEA = 0.083。目前职业成功观量表已经在较多的实证研究中得到应用,大多

---

* 周文霞,中国人民大学劳动人事学院教授,博士生导师。

数研究表明该量表有较好的信度和效度,信度系数均在 0.75 以上。职业成功观量表的构念效度也得到其他研究的支持,研究发现职业成功观能够预测包括生涯适应力(Zhou et al., 2016)、职业成长(Xu et al., 2021)等在内的职业结果。

3. 量表内容

原始职业成功观量表如表 6-1-1 所示,得分 1—7 分别表示你对表中有关职业成功观表述的认同程度,分数越高表示越认同。

表 6-1-1　原始职业成功观量表

序号	题项	得分						
1	职业成功就意味着通过工作获得丰厚的物质报酬	1	2	3	4	5	6	7
2	职业成功就是不断获得职位晋升,直到成为组织高层	1	2	3	4	5	6	7
3	在某一个专业领域技能特别突出,成为专家就是职业成功	1	2	3	4	5	6	7
4	职业成功的定义不能与家庭的和睦美满分开	1	2	3	4	5	6	7
5	职业成功就是在工作之余还有充足的时间享受生活	1	2	3	4	5	6	7
6	工作中获得更多的权力,能够控制或影响别人就是职业成功	1	2	3	4	5	6	7
7	职业成功就意味着通过工作能赚很多钱,让家人过上舒适的生活	1	2	3	4	5	6	7
8	工作中能够实现自己的理想才算职业成功	1	2	3	4	5	6	7
9	解决别人解决不了的难题,为组织创造更好的绩效就是职业成功	1	2	3	4	5	6	7
10	工作中能够兼顾家庭,实现工作—生活平衡才算职业成功	1	2	3	4	5	6	7
11	工作成就再大,如果没有健康的身体,就不算职业成功	1	2	3	4	5	6	7
12	获得同行的高度认可就是职业成功	1	2	3	4	5	6	7
13	当自己的潜能得到充分发挥时,才算职业成功	1	2	3	4	5	6	7
14	从事自己喜欢的职业,每天工作很愉快就是职业成功	1	2	3	4	5	6	7
15	职业成功意味着通过工作实现财务自由	1	2	3	4	5	6	7
16	个人生活、家庭、事业都达到一种平衡状态就是职业成功	1	2	3	4	5	6	7
17	住大房、开好车、穿名牌,达到中产阶层的生活水平就是职业成功	1	2	3	4	5	6	7
18	不断从事有挑战性的工作就是职业成功	1	2	3	4	5	6	7
19	在沉重的工作压力下依然保持身心健康就是职业成功	1	2	3	4	5	6	7
20	工作中富有热情,感到充实就是职业成功	1	2	3	4	5	6	7
21	独立管理某一个部门,有决策权就是职业成功	1	2	3	4	5	6	7

每个维度包括的题项如下：

① 外在报酬：共 7 道题，具体包括第 1、2、6、7、15、17、21 题。
② 内在满足：共 8 道题，具体包括第 3、8、9、12、13、14、18、20 题。
③ 工作—生活平衡：共 6 道题，具体包括第 4、5、10、11、16、19 题。

精简版职业成功观量表如表 6-1-2 所示。

表 6-1-2 精简版职业成功观量表

序号	题项	得分						
1	职业成功就是不断获得职位晋升，直到成为组织高层	1	2	3	4	5	6	7
2	职业成功就是在工作之余还有充足的时间享受生活	1	2	3	4	5	6	7
3	工作中获得更多的权力，能够控制或影响别人就是职业成功	1	2	3	4	5	6	7
4	职业成功就意味着通过工作能赚很多钱，让家人过上舒适的生活	1	2	3	4	5	6	7
5	工作中能够兼顾家庭，实现工作—生活平衡才算职业成功	1	2	3	4	5	6	7
6	工作成就再大，如果没有健康的身体，就不算职业成功	1	2	3	4	5	6	7
7	当我的潜能得到充分发挥时，才算职业成功	1	2	3	4	5	6	7
8	从事自己喜欢的职业，每天工作很愉快就是职业成功	1	2	3	4	5	6	7
9	不断从事有挑战性的工作就是职业成功	1	2	3	4	5	6	7
10	工作中富有热情，感到充实就是职业成功	1	2	3	4	5	6	7

参考资料：

Pan, J. & Zhou, W. (2015). How do employees construe their career success: An improved measure of subjective career success. *International Journal of Selection and Assessment*, 23(1), 45-58.

Xu, Y., Liu, S., Li, R., Guan, Y. & Zhou, W. (2021). Self-consistency and self-determination perspectives of career value changes: A cross-lagged panel study among Chinese university students. *Journal of Vocational Behavior*, 127, 103584.

Zhou, W., Guan, Y., Xin, L., Mak, M. C. K. & Deng, Y. (2016). Career success criteria and locus of control as indicators of adaptive readiness in the career adaptation model. *Journal of Vocational Behavior*, 94, 124-130.

Zhou, W., Sun, J., Guan, Y., Li, Y. & Pan, J. (2012). Criteria of career success among Chinese employees: Developing a multidimensional scale with qualitative and quantitative approaches. *Journal of Career Assessment*, 21(2), 265-277.

第2章

主观职业成功

潘静洲[*]

1. 简介

个人对职业成功的看法来自对职业状况的评估。职业成功是个人朝着职业目标前进的感觉,也是对过去成就和未来潜在前景的感知。职业成功的定义在不同的个体、文化和群体中有所不同,甚至可以随着时间的推移而变化。换句话说,人们需要各种标准来评估自己的职业生涯。因此,主观职业成功(Subjective Career Success, SCS)被定义为个体根据过去对职业经历和预期职业相关成就的评估,对自身实现职业目标可能性的看法。Pan & Zhou(2015)经过多轮的专业测试,开发了主观职业成功的多维测量工具。

2. 信度与效度

主观职业成功整体量表的内部一致性系数为 0.773,假设数据具有可接受的拟合度,则有 $\chi^2/df = 2.821$,NFI = 0.85,IFI = 0.90,NFI = 0.94,CFI = 0.89,RMSEA = 0.07,即量表具有良好的内部一致性信度和预测效度。

3. 量表内容

主观职业成功量表如表 6-2-1 所示。每个题项对应的 a、b、c 分别代表对职业成功标准、职业成功感和职业成功比较的陈述。得分 1—7 分别表示你对相关表述的认同程度,得分越高意味着认同程度越高。

---

[*] 潘静洲,天津大学管理与经济学部组织与战略管理系副教授。

表 6-2-1　主观职业成功量表

维度	序号		题项	得分						
外在报酬	1	a	职业成功就是不断获得职位晋升,直到成为组织高层	1	2	3	4	5	6	7
		b	如果以职位晋升作为衡量职业成功的标准,那么我现在是成功的	1	2	3	4	5	6	7
		c	关于以上判断(b题),我是通过与他人而不是与自己的目标比较做出的	1	2	3	4	5	6	7
	2	a	工作中获得更多的权力,能控制或影响别人就是职业成功	1	2	3	4	5	6	7
		b	如果以权力作为衡量职业成功的标准,那么我现在是成功的	1	2	3	4	5	6	7
		c	关于以上判断(b题),我是通过与他人而不是与自己的目标比较做出的	1	2	3	4	5	6	7
	3	a	职业成功就意味着通过工作赚很多钱	1	2	3	4	5	6	7
		b	如果以赚钱多少作为衡量职业成功的标准,那么我现在是成功的	1	2	3	4	5	6	7
		c	关于以上判断(b题),我是通过与他人而不是与自己的目标比较做出的	1	2	3	4	5	6	7
内在满足	4	a	当自己的潜能得到充分发挥时,才算职业成功	1	2	3	4	5	6	7
		b	如果以潜能发挥作为衡量职业成功的标准,那么我现在是成功的	1	2	3	4	5	6	7
		c	关于以上判断(b题),我是通过与他人而不是与自己的目标比较做出的	1	2	3	4	5	6	7
	5	a	从事自己喜欢的职业就是职业成功	1	2	3	4	5	6	7
		b	如果以从事喜欢的职业作为衡量职业成功的标准,那么我现在是成功的	1	2	3	4	5	6	7
		c	关于以上判断(b题),我是通过与他人而不是与自己的目标比较做出的	1	2	3	4	5	6	7
	6	a	不断从事有挑战性的工作就是职业成功	1	2	3	4	5	6	7
		b	如果以工作挑战性作为衡量职业成功的标准,那么我现在是成功的	1	2	3	4	5	6	7
		c	关于以上判断(b题),我是通过与他人而不是与自己的目标比较做出的	1	2	3	4	5	6	7

(续表)

维度	序号		题项	得分						
内在满足	7	a	在工作中感到充实就是职业成功	1	2	3	4	5	6	7
		b	如果以工作充实感作为衡量职业成功的标准,那么我现在是成功的	1	2	3	4	5	6	7
		c	关于以上判断(b题),我是通过与他人而不是与自己的目标比较做出的	1	2	3	4	5	6	7
工作—生活平衡	8	a	职业成功就是在工作之余还有充足的时间享受生活	1	2	3	4	5	6	7
		b	如果以享受生活作为衡量职业成功的标准,那么我现在是成功的	1	2	3	4	5	6	7
		c	关于以上判断(b题),我是通过与他人而不是与自己的目标比较做出的	1	2	3	4	5	6	7
	9	a	工作中能够兼顾家庭,实现工作—生活平衡就算职业成功	1	2	3	4	5	6	7
		b	如果以兼顾家庭作为衡量职业成功的标准,那么我现在是成功的	1	2	3	4	5	6	7
		c	关于以上判断(b题),我是通过与他人而不是与自己的目标比较做出的	1	2	3	4	5	6	7
	10	a	工作成就再大,如果没有健康的身体,就不算职业成功	1	2	3	4	5	6	7
		b	如果以工作中保持健康作为衡量职业成功的标准,那么我现在是成功的	1	2	3	4	5	6	7
		c	关于以上判断(b题),我是通过与他人而不是与自己的目标比较做出的	1	2	3	4	5	6	7

参考资料:

Pan, J. & Zhou W. (2015). How do employees construe their career success: An improved measure of subjective career success. *International Journal of Selection and Assessment*, 23(1), 45-58.

第3章

可持续职业生涯量表

李国静[*]

1. 简介

Arthur et al. (1989)将职业生涯概念化为"个体的工作经历随时间演变的序列"。基于这一概念,De Vos & Van der Heijden(2017)将可持续职业生涯定义为:随着时间的推移,通过各种连续性模式反映的职业经历序列,从而跨越多个社会空间,以个体能动性为特征,为个体提供意义。在广泛的文献回顾之后,Chin et al. (2019a)基于Newman(2011)的模型,并加入第四个因素(资源性维度)来扩展该框架。此外,Chin et al. (2019b)的四因子结构模型表明,可持续职业生涯既是职业的属性,也是嵌入这些职业的人的属性,具有交互性。因此,可持续职业生涯量表(Career Sustainability Scale, CSC)建立在四因子结构模型之上,用于测量个体的职业生涯可持续性水平,适用于评估有工作经验的群体。资源性维度体现了善用资源以维持良好生活水平和确保未来就业机会的重要性;灵活性维度表示保持灵活、强适应性的态度,使个体不断学习完成职业任务,寻找新机会,并保持对新机会的开放态度;可更新性维度反映职业为个体提供重新评估职业能力、更新技能和重塑自我以持续保持可持续职业的机会的程度;综合性维度表征个体批判性地评估、整合和吸收在当前工作中获得的不同信息和知识,以进一步发展职业生涯的程度。

2. 信度与效度

可持续职业生涯分量表内部一致性系数为 0.88—0.91, $c^2/\mathrm{df}=2.53$, CFI = 0.98, TLI = 0.97, RMSEA = 0.04。研究表明量表具有良好的区分效度、结构效度和预测效度(职业高原、职业满意度和心理健康)。

---

[*] 李国静,中国人民大学劳动人事学院博士研究生。

3. 量表内容

可持续职业生涯量表如表 6-3-1 所示。这份量表旨在衡量你的职业生涯相关行为，请你根据自己的实际感受和体会，对下列题项表述进行评价和判断，选择最符合自身实际情况的选项。得分 1—6 分别代表你对相关表述的认同程度，得分越高表示越认同。

表 6-3-1　可持续职业生涯量表

维度	序号	题项	得分					
资源性	1	我的职业使我有一个较高的生活水平	1	2	3	4	5	6
资源性	2	我的职业让我感到快乐，因为我很好地利用了自己的资源	1	2	3	4	5	6
资源性	3	我的职业让我觉得自己有一个光明的未来	1	2	3	4	5	6
灵活性	4	我的职业可以让我寻求新机会	1	2	3	4	5	6
灵活性	5	我的职业让我不断学习新事物	1	2	3	4	5	6
灵活性	6	我的职业给了我很大的灵活性	1	2	3	4	5	6
可更新性	7	我的职业为我提供了更新自己技能的机会	1	2	3	4	5	6
可更新性	8	我的职业给了我重新评估自己能力的机会	1	2	3	4	5	6
可更新性	9	我的职业使我能够重新塑造或重新定位自己	1	2	3	4	5	6
综合性	10	我的职业使我能够整合不同来源的信息	1	2	3	4	5	6
综合性	11	我的职业使我能够批判性地评估从不同来源获得的信息	1	2	3	4	5	6
综合性	12	我的职业培养了我吸收信息和知识的能力	1	2	3	4	5	6

参考资料：

Arthur, M. B., Hall, D. T. & Lawrence, B. S. (1989). *Handbook of career theory* (Vol. 68). Cambridge University Press.

Chin, T., Jawahar, I. M. & Li, G. (2021). Development and validation of a career sustainability scale. *Journal of Career Development*, 49(4), 769-787.

Chin, T., Jiao, H. & Jawahar, I. M. (2019a). Sustainable career and innovation during manufacturing transformation. *Career Development International*, 24(6), 397-403.

Chin, T., Li, G., Jiao, H., Addo, F. & Jawahar, I. M. (2019b). Career sustainability during manufacturing innovation: A review, a conceptual framework and future research agenda. *Career Development International*, 24(6), 509-528.

De Vos, A. & Van der Heijden, B. I. (2017). Current thinking on contemporary careers: The key roles of sustainable HRM and sustainability of careers. *Current Opinion in Environmental Sustainability*, 28, 41-50.

Newman, K. L. (2011). Sustainable careers: Lifecycle engagement in work. *Organizational Dynamics*, 40(2), 136-143.

第4章

大学到工作成功量表

吴方缘[*]

1. 简介

从大学到工作的过渡是大多数应届毕业生的重要一步,且在过渡初期可能存在的诸多困难。企业要想吸引和留住年轻的专业人才,就要更深入地了解促进个体职业早期成功的因素。大学到工作成功(University-to-work Success,UWS)被定义为内在和外在的职业结果。

基于从大学到工作过渡期间的早期职业成功的多重定义,大学到工作成功量表(University-to-work Success Scale,UWSS)建立在四因子结构模型之上,适用于应届毕业生自我评估或在应用环境中评估应届毕业生从大学到工作的过渡有效性。

2. 信度与效度

大学到工作成功量表的内部一致性系数为0.92,四个分量表的内部一致性系数为0.75—0.86,表明该量表具有较好的内部一致性信度和预测效度(主观职业成功、客观职业成功)。

3. 量表内容

大学到工作成功量表如表6-4-1所示。相关题项描述了从大学到工作过渡期间的相关事项,用来表征职业成功程度。职业投入和满意度维度包括第1、5、15、16、22题;收入和财务独立维度包括第2、3、7、8、12、13、14题;工作适应维度包括第4、18、19、20、21题;对职业前途的信心维度包括第6、9、10、11、17题。

---

[*] 吴方缘,中国人民大学劳动人事学院硕士研究生。

表 6-4-1　大学到工作成功量表

序号	题项	非常不符合	不符合	不确定	符合	非常符合
1	我在与我专业相关的领域工作	1	2	3	4	5
2	我可以承担我的个人开支	1	2	3	4	5
3	我有能力购买我感兴趣的东西	1	2	3	4	5
4	我能够满足职场的要求	1	2	3	4	5
5	我正在做我计划的事情	1	2	3	4	5
6	我对自己的职业前景充满信心	1	2	3	4	5
7	我在经济上独立了	1	2	3	4	5
8	我得到的报酬与我所在地区劳动力市场的标准相符	1	2	3	4	5
9	我对自己的职业前景有良好的期望	1	2	3	4	5
10	我有耐心去实现我的职业目标	1	2	3	4	5
11	我对自己的职业前景感到放心	1	2	3	4	5
12	由于我的工作表现良好,我获得了晋升(或奖励)	1	2	3	4	5
13	我能够自己谋生,而不需要依靠父母	1	2	3	4	5
14	与我所在领域的专业人士相比,我的薪酬没有低于平均水平	1	2	3	4	5
15	在某种程度上,我从事的是我所学专业领域的工作	1	2	3	4	5
16	我觉得自己是我所处这个领域的专家	1	2	3	4	5
17	我有信心实现自己的职业目标	1	2	3	4	5
18	我能适应职场的文化(即组织文化)	1	2	3	4	5
19	我持续让那些需要或使用我的工作成果的人感到满意	1	2	3	4	5
20	我的专业表现得到他人的赞扬	1	2	3	4	5
21	我认识的人向我推荐工作机会	1	2	3	4	5
22	我在从事自己喜欢的职业	1	2	3	4	5

参考资料:

Oliveira, M., Melo-Silva, L. L., Taveira, M. & Grace, R. C. (2016). Measuring university-to-work success: Development of a new scale. *Career Development International*, 21(1), 85-104.

第5章

职业成功观清晰度量表

辛 璐[*]

1. 简介

职业成功观是个体期望获得的职业成功,体现了职业生涯的最终目标。根据目标设置理论,清晰度是目标的重要属性,目标的清晰度会直接影响目标实现的可能性,因此从构建主义的视角出发,探索职业成功观的清晰程度对深化职业成功的相关研究具有理论意义,对生涯教育工作者和咨询师解决职业生涯发展中的现实问题也具有实践意义。

职业成功观清晰度量表(Career Success Criteria Clarity Scale,CSCCS)建立在职业成功观量表的基础上,包括外在报酬、内在满足、工作—生活平衡三个维度,用于自我评估或在应用环境中评估个体职业成功观的清晰程度,适用于大学生和职场工作人群。

2. 信度与效度

职业成功观清晰度量表的内部一致性系数为0.937,表明量表具有较好的内部一致性信度;AVE为0.585,表明量表具有良好的汇聚效度;AVE值大于它与相关系数的平方(0.378),表明量表具有足够的区分效度。此外,职业成功观清晰度量表对于职业满意度、人岗匹配、幸福感有较好的预测效度。

3. 量表内容

职业成功观清晰度量表如表6-5-1所示。量表每个题项都包括a、b两个问题,请先回答a问题,再回答b问题。得分1—7分别表示你对相关表述的认同程度,得分越高代表越认同。

---

[*] 辛璐,北京化工大学经济管理学院讲师。

表 6-5-1 职业成功观清晰度量表

序号		题项	得分						
1	a	职业成功就是不断获得职位晋升,直到成为组织高层	1	2	3	4	5	6	7
	b	做出上述判断,我是清晰确定的	1	2	3	4	5	6	7
2	a	工作中获得更多的权力,能控制或影响别人就是职业成功	1	2	3	4	5	6	7
	b	做出上述判断,我是清晰确定的	1	2	3	4	5	6	7
3	a	职业成功就意味着通过工作赚很多钱	1	2	3	4	5	6	7
	b	做出上述判断,我是清晰确定的	1	2	3	4	5	6	7
4	a	当自己的潜能得到充分发挥时,才算职业成功	1	2	3	4	5	6	7
	b	做出上述判断,我是清晰确定的	1	2	3	4	5	6	7
5	a	从事自己喜欢的职业才是职业成功	1	2	3	4	5	6	7
	b	做出上述判断,我是清晰确定的	1	2	3	4	5	6	7
6	a	不断从事有挑战性的工作就是职业成功	1	2	3	4	5	6	7
	b	做出上述判断,我是清晰确定的	1	2	3	4	5	6	7
7	a	在工作中感到充实就是职业成功	1	2	3	4	5	6	7
	b	做出上述判断,我是清晰确定的	1	2	3	4	5	6	7
8	a	职业成功就是在工作之余还有充足的时间享受生活	1	2	3	4	5	6	7
	b	做出上述判断,我是清晰确定的	1	2	3	4	5	6	7
9	a	工作中能够兼顾家庭,实现工作—生活平衡就算职业成功	1	2	3	4	5	6	7
	b	做出上述判断,我是清晰确定的	1	2	3	4	5	6	7
10	a	工作成就再大,如果没有健康的身体,就不算职业成功	1	2	3	4	5	6	7
	b	做出上述判断,我是清晰确定的	1	2	3	4	5	6	7

参考资料:

辛璐、周文霞、唐方成(2019). 职业成功观清晰度的前因变量及其作用机制——社会认知生涯理论(SCCT)视角. 经济管理, 41(4), 127-141.

附录

中国新职业信息

《中华人民共和国职业分类大典》初版于1999年发布，首次修订于2015年，并于2022年进行了第二次全面修订。新修订的《中华人民共和国职业分类大典》进一步将我国职业进行了分类和梳理，职业类型包括8个大类、79个中类、449个小类、1636个细类，以四级编码表示。以"2-02-10-09 人工智能技术人员"为例，"2"表示大类，"02"表示中类，"10"表示小类，"09"表示细类。

职业分类如下：

第一大类　国家机关、党群组织、企业、事业单位负责人
　　1-01 中国共产党机关负责人
　　1-02 国家机关负责人
　　1-03 民主党派和工商联负责人
　　1-04 人民团体和群众团体、社会组织及其他成员组织负责人
　　1-05 基层群众自治组织负责人
　　1-06 企事业单位负责人

第二大类　专业技术人员
　　2-01 科学研究人员
　　2-02 工程技术人员
　　2-03 农业技术人员
　　2-04 飞机和船舶技术人员
　　2-05 卫生专业技术人员
　　2-06 经济和金融专业人员
　　2-07 监察、法律、社会和宗教专业人员
　　2-08 教学人员
　　2-09 文学艺术、体育专业人员
　　2-10 新闻出版、文化专业人员

第三大类　办事人员和有关人员

    3-01 行政办事及辅助人员

    3-02 安全和消防及辅助人员

    3-03 法律事务及辅助人员

    3-99 其他办事人员和有关人员

第四大类　社会生产服务和生活服务人员

    4-01 批发与零售服务人员

    4-02 交通运输、仓储物流和邮政业服务人员

    4-03 住宿和餐饮服务人员

    4-04 信息传输、软件和信息技术服务人员

    4-05 金融服务人员

    4-06 房地产服务人员

    4-07 租赁和商务服务人员

    4-08 技术辅助服务人员

    4-09 水利、环境和公共设施管理服务人员

    4-10 居民服务人员

    4-11 电力、燃气及水供应服务人员

    4-12 修理及制作服务人员

    4-13 文化和教育服务人员

    4-14 健康、体育和休闲服务人员

    4-99 其他社会生产和生活服务人员

第五大类　农、林、牧、渔业生产及辅助人员

    5-01 农业生产人员

    5-02 林业生产人员

    5-03 畜牧业生产人员

    5-04 渔业生产人员

    5-05 农、林、牧、渔业生产辅助人员

    5-99 其他农、林、牧、渔业生产及辅助人员

第六大类　生产、运输设备操作人员及有关人员

    6-01 农副产品加工人员

    6-02 食品、饮料生产加工人员

    6-03 烟草及其制品加工人员

    6-04 纺织、针织、印染人员

6-05 纺织品、服装和皮革、毛皮制品加工制作人员

6-06 木材加工、家具与木制品制作人员

6-07 纸及纸制品生产加工人员

6-08 印刷和记录媒介复制人员

6-09 文教、工美、体育和娱乐用品制作人员

6-10 石油加工和炼焦、煤化工生产人员

6-11 化学原料和化学制品制造人员

6-12 医药制造人员

6-13 化学纤维制造人员

6-14 橡胶和塑料制品制造人员

6-15 非金属矿物制品制造人员

6-16 采矿人员

6-17 金属冶炼和压延加工人员

6-18 机械制造基础加工人员

6-19 金属制品制造人员

6-20 通用设备制造人员

6-21 专用设备制造人员

6-22 汽车制造人员

6-23 铁路、船舶、航空设备制造人员

6-24 电气机械和器材制造人员

6-25 计算机、通信和其他电子设备制造人员

6-26 仪器仪表制造人员

6-27 再生资源综合利用人员

6-28 电力、热力、气体、水生产和输配人员

6-29 建筑施工人员

6-30 运输设备和通用工程机械操作人员及有关人员

6-31 生产辅助人员

6-99 其他生产制造及有关人员

第七大类　军队人员

7-01 军官(警官)

7-02 军士(警士)

7-03 义务兵

7-04 文职人员

第八大类　不便分类的其他从业人员
8-00 不便分类的其他从业人员

自 2019 年以来,人力资源和社会保障部已经发布了五批共 74 个新职业,如下所示。

第一批

2019 年 4 月,人力资源和社会保障部、国家市场监管总局、国家统计局联合向社会发布了 13 个新职业信息,新增职业分别是:人工智能工程技术人员、物联网工程技术人员、大数据工程技术人员、云计算工程技术人员、数字化管理师、建筑信息模型技术员、电子竞技运营师、电子竞技员、无人机驾驶员、农业经理人、物联网安装调试员、工业机器人系统操作员、工业机器人系统运维员。这是自 2015 年《中华人民共和国职业分类大典》颁布以来发布的首批新职业。

新职业信息:

(一) 2-02-10-09 人工智能工程技术人员

定义:从事与人工智能相关算法、深度学习等多种技术的分析、研究、开发,并对人工智能系统进行设计、优化、运维、管理和应用的工程技术人员。

主要工作任务:

① 分析、研究人工智能算法、深度学习及神经网络等技术;

② 研究、开发、应用人工智能指令、算法及技术;

③ 规划、设计、开发基于人工智能算法的芯片;

④ 研发、应用、优化语言识别、语义识别、图像识别、生物特征识别等人工智能技术;

⑤ 设计、集成、管理、部署人工智能软硬件系统;

⑥ 设计、开发人工智能系统解决方案;

⑦ 提供人工智能相关技术咨询和技术服务。

(二) 2-02-10-10 物联网工程技术人员

定义:从事物联网架构、平台、芯片、传感器、智能标签等技术的研究和开发,以及物联网工程的设计、测试、维护、管理和服务的工程技术人员。

主要工作任务:

① 研究、应用物联网技术、体系结构、协议和标准;

② 研究、设计、开发物联网专用芯片及软硬件系统;

③ 规划、研究、设计物联网解决方案;

④ 规划、设计、集成、部署物联网系统并指导工程实施；

⑤ 安装、调测、维护并保障物联网系统的正常运行；

⑥ 监控、管理和保障物联网系统安全；

⑦ 提供物联网系统的技术咨询和技术支持。

（三）2-02-10-11 **大数据工程技术人员**

定义：从事大数据采集、清洗、分析、治理、挖掘等技术研究，并加以利用、管理、维护和服务的工程技术人员。

主要工作任务：

① 研究和开发大数据采集、清洗、存储及管理、分析及挖掘、展现及应用等有关技术；

② 研究、应用大数据平台体系架构、技术和标准；

③ 设计、开发、集成、测试大数据软硬件系统；

④ 大数据采集、清洗、建模与分析；

⑤ 管理、维护并保障大数据系统稳定运行；

⑥ 监控、管理和保障大数据安全；

⑦ 提供大数据的技术咨询和技术服务。

（四）2-02-10-12 **云计算工程技术人员**

定义：从事云计算技术研究，云系统构建、部署、运维，云资源管理、应用和服务的工程技术人员。

主要工作任务：

① 开发虚拟化、云平台、云资源管理和分发等云计算技术，以及大规模数据管理、分布式数据存储等相关技术；

② 研究、应用云计算技术、体系架构、协议和标准；

③ 规划、设计、开发、集成、部署云计算系统；

④ 管理、维护并保障云计算系统的稳定运行；

⑤ 监控、保障云计算系统安全；

⑥ 提供云计算系统的技术咨询和技术服务。

（五）2-02-30-11 **数字化管理师**

定义：使用数字化智能移动办公平台，进行企业或组织的人员架构搭建、运营流程维护、工作流协同、大数据决策分析、上下游在线化连接，实现企业经营管理在线化、数字化的人员。

主要工作任务：

① 制定数字化办公软件推进计划和实施方案，搭建企业及组织的人员架构，进行扁平透明可视化管理；

② 进行数字化办公模块的搭建和运转流程的维护,实现高效安全沟通;

③ 制定企业及组织工作流协同机制,进行知识经验的沉淀和共享;

④ 进行业务流程和业务行为的在线化,实现企业的大数据决策分析;

⑤ 打通企业和组织的上下游信息通道,实现组织在线、沟通在线、协同在线、业务在线,降低成本,提升生产、销售效率。

(六) 4-04-05-04 建筑信息模型技术员

定义:利用计算机软件进行工程实践过程中的模拟建造,以改进其全过程中工程工序的技术人员。

主要工作任务:

① 负责项目中建筑、结构、暖通、给排水、电气专业等建筑信息模型的搭建、复核、维护管理工作;

② 协同其他专业建模,并做碰撞检查;

③ 通过室内外渲染、虚拟漫游、建筑动画、虚拟施工周期等,进行建筑信息模型可视化设计;

④ 施工管理及后期运维。

(七) 4-13-05-03 电子竞技运营师

定义:在电竞产业从事组织活动及内容运营的人员。

主要工作任务:

① 进行电竞活动的整体策划和概念规划,设计并制定活动方案;

② 维护线上、线下媒体渠道关系,对电竞活动的主题、品牌进行宣传、推广、协调及监督;

③ 分析评估电竞活动商业价值,确定活动赞助权益,并拓展与赞助商、承办商的合作;

④ 协调电竞活动的各项资源,组织电竞活动;

⑤ 制作和发布电竞活动的音视频内容,并评估发布效果;

⑥ 对电竞活动进行总结报告,对相关档案进行管理。

(八) 4-13-99-00 电子竞技员

定义:从事不同类型电子竞技项目比赛、陪练、体验及活动表演的人员。

主要工作任务:

① 参加电子竞技项目比赛;

② 进行专业化的电子竞技项目训练活动;

③ 收集和研究电竞战队动态、电竞游戏内容,提供专业的电竞数据分析;

④ 参与电竞游戏的设计和策划,体验电竞游戏并提出建议;

⑤ 参与电竞活动的表演。

（九）4-99-00-00 无人机驾驶员

定义：通过远程控制设备，操控无人机完成既定飞行任务的人员。

主要工作任务：

① 安装、调试无人机电机、动力设备、桨叶及相应任务设备等；

② 根据任务规划航线；

③ 根据飞行环境和气象条件校对飞行参数；

④ 操控无人机完成既定飞行任务；

⑤ 整理并分析采集的数据；

⑥ 评价飞行结果和工作效果；

⑦ 检查、维护、整理无人机及任务设备。

（十）5-05-01-02 农业经理人

定义：在农民专业合作社等农业经济合作组织中，从事农业生产组织、设备作业、技术支持、产品加工与销售等管理服务的人员。

主要工作任务：

① 搜集和分析农产品供求、客户需求数据等信息；

② 编制生产、服务经营方案和作业计划；

③ 调度生产、服务人员，安排生产或服务项目；

④ 指导生产、服务人员执行作业标准；

⑤ 疏通营销渠道，维护客户关系；

⑥ 组织产品加工、运输、营销；

⑦ 评估生产、服务绩效，争取资金支持。

（十一）6-25-04-09 物联网安装调试员

定义：利用检测仪器和专用工具，安装、配置、调试物联网产品与设备的人员。

主要工作任务：

① 检测物联网设备、感知模块、控制模块的质量；

② 组装物联网设备及相关附件；

③ 连接物联网设备电路；

④ 建立物联网设备与设备、设备与网络的连接；

⑤ 调整设备安装距离，优化物联网网络布局；

⑥ 配置物联网网关和短距传输模块参数；

⑦ 预防和解决物联网产品和网络系统中的网络瘫痪、中断等事件，确保物联网产品及网络的正常运行。

（十二）6-30-99-00 工业机器人系统操作员

定义：使用示教器、操作面板等人机交互设备及相关机械工具，对工业机器人、工业机器人工作站或系统进行装配、编程、调试、工艺参数更改、工装夹具更换及其他辅助作业的人员。

主要工作任务：

① 按照工艺指导文件等相关文件的要求完成作业准备；

② 按照装配图、电气图、工艺文件等相关文件的要求，使用工具、仪器等进行工业机器人工作站或系统装配；

③ 使用示教器、计算机、组态软件等相关软硬件工具，对工业机器人、可编程逻辑控制器、人机交互界面、电机等设备和视觉、位置等传感器进行程序编制、单元功能调试和生产联调；

④ 使用示教器、操作面板等人机交互设备，进行生产过程的参数设定与修改、菜单功能的选择与配置、程序的选择与切换；

⑤ 进行工业机器人系统工装夹具等装置的检查、确认、更换与复位；

⑥ 观察工业机器人工作站或系统的状态变化并做相应操作，遇到异常情况执行急停操作等；

⑦ 填写设备装调、操作等记录。

（十三）6-31-01-10 工业机器人系统运维员

定义：使用工具、量具、检测仪器及设备，对工业机器人、工业机器人工作站或系统进行数据采集、状态监测、故障分析与诊断、维修及预防性维护与保养作业的人员。

主要工作任务：

① 对工业机器人本体、末端执行器、周边装置等机械系统进行常规性检查、诊断；

② 对工业机器人电控系统、驱动系统、电源及线路等电气系统进行常规性检查、诊断；

③ 根据维护保养手册，对工业机器人、工业机器人工作站或系统进行零位校准、防尘、更换电池、更换润滑油等维护保养；

④ 使用测量设备采集工业机器人、工业机器人工作站或系统运行参数、工作状态等数据，进行监测；

⑤ 对工业机器人工作站或系统的故障进行分析、诊断与维修；

⑥ 编制工业机器人系统运行维护、维修报告。

第二批

2020年2月,人力资源和社会保障部、国家市场监管总局、国家统计局联合向社会发布了16个新职业,主要集中在新兴产业和现代服务业领域。这16个新职业包括智能制造工程技术人员、工业互联网工程技术人员、虚拟现实工程技术人员、连锁经营管理师、供应链管理师、网约配送员、人工智能训练师、电气电子产品环保检测员、全媒体运营师、健康照护师、呼吸治疗师、出生缺陷防控咨询师、康复辅助技术咨询师、无人机装调检修工、铁路综合维修工和装配式建筑施工员。

新职业信息:

(一) 2-02-07-13 智能制造工程技术人员

定义:从事智能制造相关技术的研究、开发,对智能制造装备、生产线进行设计、安装、调试、管控和应用的工程技术人员。

主要工作任务:

① 分析、研究、开发智能制造相关技术;

② 研究、设计、开发智能制造装备、生产线;

③ 研究、开发、应用智能制造虚拟仿真技术;

④ 设计、操作、应用智能检测系统;

⑤ 设计、开发、应用智能生产管控系统;

⑥ 安装、调试、部署智能制造装备、生产线;

⑦ 操作、应用工业软件进行数字化设计与制造;

⑧ 操作、编程、应用智能制造装备、生产线进行智能加工;

⑨ 提供智能制造相关技术咨询和技术服务。

(二) 2-02-10-13 工业互联网工程技术人员

定义:围绕工业互联网网络、平台、安全三大体系,在网络互联、标识解析、平台建设、数据服务、应用开发、安全防护等领域,从事规划设计、技术研发、测试验证、工程实施、运营管理和运维服务等工作的工程技术人员。

主要工作任务:

① 研究、设计网络互联与数据互通、共享等解决方案并指导工程实施;

② 研究、开发、应用工业大数据的采集技术、工业机理模型和高级数据分析挖掘技术;

③ 研究、设计、开发、调测、推广工业互联网应用平台和应用型工业APP;

④ 规划、设计、部署工业互联网安全系统,监控、管理和保障工业互联网网

络、平台及数据安全；

⑤ 规划、运营产业链和供应链资产数据，指导资源配置、协同生产和柔性生产、设备健康和能耗管理；

⑥ 构建、调测、维护工业互联网网络，监控相关信息，动态维护网络链路和网络资源；

⑦ 提供工业互联网术语解释、技术咨询与工程实施指导。

（三）2-02-10-14 虚拟现实工程技术人员

定义：使用虚拟现实引擎及相关工具，进行虚拟现实产品的策划、设计、编码、测试、维护和服务的工程技术人员。

主要工作任务：

① 虚拟现实软件产品策划、场景设计、界面设计、模型制作、程序开发、系统测试；

② 设计、开发、集成、测试虚拟现实硬件系统；

③ 研究、应用虚拟现实体系架构、技术和标准；

④ 管理、监控、维护并保障虚拟现实产品的稳定和安全运行；

⑤ 提供虚拟现实技术相关的技术咨询、技术培训和技术支持服务。

（四）4-01-02-06 连锁经营管理师

定义：运用连锁经营管理工具及相关技术，进行业态定位、品类管理、营销企划、顾客服务、视觉营销等工作，负责门店运营业务管理的人员。

主要工作任务：

① 设计连锁体系，厘清总部与门店权责，规划门店运营模式；

② 分析门店经营数据，制定经营目标与计划并组织实施；

③ 调研商圈特征，拓展新门店，进行业态定位与品类结构调整；

④ 负责商品的进货、销售和储存，策划门店促销活动并组织实施；

⑤ 设计门店动线，负责布局规划与商品陈列的落实；

⑥ 设计门店服务体系，培训、激励一线营业人员，做好顾客服务工作；

⑦ 负责维护门店外围关系，处理与门店相关的其他事务；

⑧ 管控门店日常运作，对门店业绩进行评估与优化；

⑨ 负责商品安全管理工作，组织开展门店及商品安全自查。

（五）4-02-06-05 供应链管理师

定义：运用供应链管理的方法、工具和技术，从事产品设计、采购、生产、销售、服务等全过程的协同，以控制整个供应链系统的成本并提高准确性、安全性和客户服务水平的人员。

主要工作任务：

① 实施销售和运作计划,进行库存管理,协调供给与需求关系;

② 制定采购策略,对供应商进行整合与评估;

③ 负责生产和服务设施选址与布置,实施精益生产;

④ 负责运输网络设计与管理,协调仓储规划与运作,实现产品和服务的高效交付与回收;

⑤ 制定供应链信息技术决策,运用数字化技术管理客户、内部供应链、供应商及交易;

⑥ 运用供应链绩效管理工具及方法,对供应链进行评估与改进;

⑦ 提供供应链技术咨询和服务。

(六) 4-02-07-10 网约配送员

定义:通过移动互联网平台等,从事接收、验视客户订单,根据订单需求,按照平台智能规划路线,在一定时间内将订单物品递送至指定地点的服务人员。

主要工作任务:

① 通过移动智能终端接收、验视、核对客户订单,包括但不限于数量、尺寸、规格、颜色、保质期、价格、地址;

② 分类整理订单物品,编排递送顺序;

③ 按照客户要求及网络平台智能规划的配送路线,在一定时间内将订单物品递送至指定地点;

④ 处理无人接收、拒收、破损等递送异常情况;

⑤ 处理客户投诉及其他递送诉求。

(七) 4-04-05-05 人工智能训练师

定义:使用智能训练软件,在人工智能产品实际使用过程中进行数据库管理、算法参数设置、人机交互设计、性能测试跟踪及其他辅助作业的人员。

主要工作任务:

① 标注和加工图片、文字、语音等业务的原始数据;

② 分析提炼专业领域特征,训练和评测人工智能产品相关算法、功能和性能;

③ 设计人工智能产品的交互流程和应用解决方案;

④ 监控、分析、管理人工智能产品应用数据;

⑤ 调整、优化人工智能产品参数和配置。

本职业包含但不限于下列工种:数据标注员、人工智能算法测试员。

(八) 4-08-05-07 电气电子产品环保检测员

定义:从事电气电子产品的整机、元器件、材料等环保检验、检测、监测、分析及数据处理,并利用检测结果改进产品环保设计、生产工艺、供应链环保溯源管理,以及环保检测新方法开发的技术及管理服务人员。

主要工作任务:

① 研究并应用电气电子产品环保法规、标准、检测方法、检测仪器设备装置;

② 规划、设计、建置电气电子产品检测实验室,评估、校准、维护环保检测设备;

③ 开发、确认、验证新的环保检测方法,参与相关检测标准制定;

④ 组织内部检验测试单位能力比对;

⑤ 制定产品环保检验、检测、监测方案,进行产品材料、设计、生产工艺的禁/限用物质风险评估;

⑥ 根据标准或规范进行样品的采集、拆分和制样等前处理,使用检测仪器设备对样品的禁/限用物质进行检验、检测、监测及分析;

⑦ 对样品检测数据进行处理、分析、结果符合性判定,形成记录或出具报告;

⑧ 分析并利用检验、检测和监测结果,制定产品环保设计、生产工艺及供应链产品环保符合性溯源管理的改进方案。

(九) 4-13-05-04 全媒体运营师

定义:综合利用各种媒介技术和渠道,采用数据分析、创意策划等方式,从事对信息进行加工、匹配、分发、传播、反馈等工作的人员。

主要工作任务:

① 运用网络信息技术和相关工具,对媒介和受众进行数据化分析,指导媒体运营和信息传播的匹配性与精准性;

② 负责对文字、声音、影像、动画、网页等信息内容进行策划和加工,使其成为适用于传播的信息载体;

③ 将信息载体向目标受众进行精准分发、传播和营销;

④ 采集相关数据,根据实时数据分析、监控情况,精准调整媒体分发的渠道、策略和动作;

⑤ 建立全媒体传播矩阵,构建多维度立体化的信息出入口,对各端口进行协同运营。

(十) 4-14-01-02 健康照护师

定义:运用基本医学护理知识与技能,在家庭、医院、社区等场所,为照护对象提供健康照护及生活照料的人员。

主要工作任务:

① 观察发现照护对象的常见健康问题及疾病(危急)症状,提出相应预防、

康复及照护措施,或提出送医建议;

② 观察发现照护对象的常见心理问题,提供简单心理疏导及支持性照护措施;

③ 照护老年人生活起居、清洁卫生、睡眠、日常活动,提供合理饮食及适宜活动,提供预防意外伤害安全照护,为临终老人提供安宁疗护措施;

④ 照护孕产妇生活起居,根据个体身心特点,提供合理营养、适当运动的健康生活照护,促进母乳喂养及产后康复;

⑤ 照护婴幼儿生活起居与活动,提供喂养、排泄、洗浴、抚触、睡眠、生长发育促进及心理健康照护措施;

⑥ 照护病患者生活起居、清洁卫生、日常活动,提供合理饮食及适宜活动,按医嘱督促、协助照护对象按时服药、治疗;

⑦ 为照护对象家庭提供整洁生活环境、合理营养膳食及健康常识普及。

本职业包含但不限于下列工种:医疗护理员。

(十一) 4-14-01-03 呼吸治疗师

定义:使用呼吸机、肺功能仪、多导睡眠图仪、雾化装置等呼吸治疗设备,从事心肺和相关脏器功能的评估、诊治与康复,以及健康教育、咨询指导等工作的人员。

主要工作任务:

① 运用肺功能检查、多导睡眠图、心肺运动检查、呼吸力学、血气分析等设备及技术方法,进行心肺和相关脏器生理与功能的监测及评估,制定呼吸治疗方案;

② 评估和管理需要呼吸支持的患者,维护呼吸机等相关设备,保障呼吸机等设备的规范化使用;

③ 负责人工气道管理与自然气道维护的个体化计划的制定与实施;

④ 负责雾化吸入、气道湿化、气道廓清等其他呼吸治疗方案的制定和实施;

⑤ 负责患者院内外转运或急救中呼吸治疗安全的保障工作;

⑥ 负责呼吸康复的管理、指导与咨询,进行戒烟指导和呼吸健康宣教工作;

⑦ 参与呼吸治疗相关技术与设备的研究、开发和推广。

(十二) 4-14-02-04 出生缺陷防控咨询师

定义:从事出生缺陷防控宣传、教育、咨询、指导以及提供出生缺陷发生风险的循证信息、遗传咨询、解决方案建议、防控管理服务及康复咨询的人员。

主要工作任务:

① 为咨询对象提供包括环境、遗传等因素的出生缺陷发生风险的循证咨询建议,提供医学检查和就医建议;

② 对出生缺陷检测、治疗与康复、病患家庭的重点人群再生育等提供咨询建议；

③ 为咨询对象提供出生缺陷临床表现和可能采取的干预措施及预后情况的咨询，并提供心理疏导；

④ 为咨询对象、病患家庭提供出生缺陷相关的防控、保障等社会资源信息；

⑤ 进行出生缺陷防控社会宣传，普及出生缺陷防控相关知识。

（十三）4-14-03-06 康复辅助技术咨询师

定义：根据功能障碍者的身体功能与结构、活动参与能力及使用环境等因素，综合运用康复辅助技术产品，为功能障碍者提供辅助技术咨询、转介、评估、方案设计、应用指导等服务的人员。

主要工作任务：

① 为功能障碍者提供康复辅助技术产品咨询与服务转介；

② 评估功能障碍者的身体结构和功能、活动和参与、环境因素以及个人因素，提出康复辅助技术产品适配方案，以及个人和公共环境改造方案；

③ 指导康复辅助技术产品适配方案、个人和公共环境改造方案的实施；

④ 指导功能障碍者使用康复辅助技术产品，并进行效果评价；

⑤ 为功能障碍者提供辅助技术产品保养和简单维修知识及简易康复指导服务，对用户进行随访；

⑥ 开展社区居民的康复辅助技术服务科普和宣教。

（十四）6-23-03-15 无人机装调检修工

定义：使用设备、工装、工具和调试软件，对无人机进行配件选型、装配、调试、检修与维护的人员。

主要工作任务：

① 根据无人机的产品性能等相关要求，对无人机进行配件选型、制作及测试；

② 按照装配图等相关要求，使用专用工具进行无人机的整机装配；

③ 使用相关调试软件和工具，进行无人机系统和功能模块的联调与测试；

④ 使用专用检测仪器及软件进行无人机各系统检测、故障分析和诊断；

⑤ 使用相关工具，根据故障诊断结果进行无人机维修；

⑥ 使用专用检测工具和软件对修复后的无人机进行性能测试；

⑦ 根据维护保养手册，对无人机各功能模块进行维护保养；

⑧ 编制无人机设备装配、测试、检修维修等报告。

（十五）6-29-02-16 铁路综合维修工

定义：对铁路线路、路基、桥涵、隧道、信号、牵引供电接触网及附属设备进行检测、施工、养护、维修的人员。

主要工作任务：

① 负责铁路线路、路基、桥涵、隧道及附属设备的巡视检查、日常养护、值班值守、应急处置、施工配合等；

② 负责铁路现场信号设备的巡视检查、日常养护、值班值守、应急处置、施工配合等；

③ 负责铁路牵引供电接触网设备的巡视检查、日常养护、值班值守、应急处置、施工配合等；

④ 负责铁路现场信号设备、牵引供电接触网设备的数据采集、整理及综合分析；

⑤ 负责铁路基础设施巡检、基础设施设备养护现场作业安全防护等。

本职业包含但不限于下列工种：铁路网线维修工、铁路信线维修工。

（十六）6-29-99-00 装配式建筑施工员

定义：在装配式建筑施工过程中从事构件安装、进度控制和项目现场协调的人员。

主要工作任务：

① 编制装配式建筑预制构件现场安装方案；

② 负责预制构件现场堆放；

③ 负责现场构件定位放线、标高测定、吊装、安装、调平、校正；

④ 负责构件的临时支撑；

⑤ 负责外墙、内墙构件的砂浆密封和套筒灌浆连接；

⑥ 负责构件吊装后的吊点切割和抹平；

⑦ 负责构件表面预埋件凹槽部位的处理；

⑧ 负责施工现场进度的控制和有关单位的沟通协调。

第三批

2020年6月，人力资源和社会保障部、国家市场监管总局、国家统计局联合发布9个新职业，具体包括：区块链工程技术人员、城市管理网格员、互联网营销师、信息安全测试员、区块链应用操作员、在线学习服务师、社群健康助理员、老年人能力评估师、增材制造设备操作员。

新职业信息：

（一）2-02-10-15 区块链工程技术人员

定义：从事区块链架构设计、底层技术、系统应用、系统测试、系统部署、运行维护的工程技术人员。

主要工作任务：

① 分析研究分布式账本、隐私保护机制、密码学算法、共识机制、智能合约等技术；

② 设计区块链平台架构，编写区块链技术报告；

③ 设计开发区块链系统应用底层技术方案；

④ 设计开发区块链性能评测指标及工具；

⑤ 处理区块链系统应用过程中的部署、调试、运行管理等问题；

⑥ 提供区块链技术咨询及服务。

（二）3-01-01-06 城市管理网格员

定义：运用现代城市网络化管理技术，巡查、核实、上报、处置市政工程（公用）设施、市容环境、社会管理事务等方面的问题，并对相关信息进行采集、分析、处置的人员。

主要工作任务：

① 操作信息采集设备，巡查、发现网格内市政工程（公用）设施、市容环境、社会管理事务等方面的问题，受理相关群众举报；

② 操作系统平台对发现或群众举报的网格内市政工程（公用）设施、市容环境、社会管理事务等方面的问题进行核实、上报、记录；

③ 研究网格内市政工程（公用）设施、市容环境、社会管理事务等方面问题的立案事宜，提出处置方案；

④ 通知存在问题的责任单位，并协助解决相关问题；

⑤ 核实上级通报的问题，协助责任单位处置，并反馈处置结果；

⑥ 收集、整理、分析相关信息、数据，提出网格内城市治理优化建议。

（三）4-01-02-07 互联网营销师

定义：在数字化信息平台上，运用网络的交互性与传播公信力，对企业产品进行营销推广的人员。

主要工作任务：

① 研究数字化信息平台的用户定位和运营方式；

② 接受企业委托，对企业资质和产品质量等信息进行审核；

③ 选定相关产品，设计策划营销方案，制定佣金结算方式；

④ 搭建数字化营销场景，通过直播或短视频等形式对产品进行多平台营销推广；

⑤ 提升自身传播影响力，加强用户群体活跃度，促进产品从关注到购买的转化率；

⑥ 签订销售订单,结算销售货款;

⑦ 协调销售产品的售后服务;

⑧ 采集分析销售数据,对企业或产品提出优化性建议。

本职业包含但不限于下列工种:直播销售员。

(四) 4-04-04-04 信息安全测试员

定义:通过对评测目标的网络和系统进行渗透测试,发现安全问题并提出改进建议,使网络和系统免受恶意攻击的人员。

主要工作任务:

① 分析研究网络与信息系统安全攻防技术,并跟踪其发展变化;

② 利用信息收集工具及技术手段,采集并分析评测目标的相关信息;

③ 制定评测目标的安全测试方案及实施计划;

④ 利用渗透工具对评测目标进行深度测试,验证安全漏洞引发的网络与系统安全隐患;

⑤ 编制安全评测报告,协助专业人员对评测目标进行安全恢复及技术改进。

(五) 4-04-05-06 区块链应用操作员

定义:运用区块链技术及工具,从事政务、金融、医疗、教育、养老等场景系统应用操作的人员。

主要工作任务:

① 分析研究在区块链应用场景下的用户需求;

② 设计系统应用的方案、流程、模型等;

③ 运用相关应用开发框架协助完成系统开发;

④ 测试系统的功能、安全、稳定性等;

⑤ 操作区块链服务平台上的系统应用;

⑥ 从事系统应用的监控、运维工作;

⑦ 收集、汇总系统应用操作中的问题。

(六) 4-13-99-02 在线学习服务师

定义:运用数字化学习平台(工具),为学习者提供个性、精准、及时、有效的学习规划、学习指导、支持服务和评价反馈的人员。

主要工作任务:

① 对学习者进行学情分析,提出有针对性的学习规划和学习建议;

② 为学习者提供全方位、全周期的个性化指导支持和课程管理服务,解决学习者学习过程中的技术、内容、方法等问题;

③ 管理在线学习班级,为学习者建立和维护在线交互社群,激发学习者的

学习动机,提高学习兴趣;

④ 运用分析和评价工具对学习者的学习活动和学习成果进行综合评价并及时反馈;

⑤ 根据学习者体验,对学习平台、学习工具、学习资源等提出优化建议。

(七) 4-14-01-04 社群健康助理员

定义:运用卫生健康及互联网知识技能,从事社群健康档案管理、宣教培训,就诊和保健咨询、代理、陪护及公共卫生事件事务处理的人员。

主要工作任务:

① 运用互联网共享卫生健康资源,提供健康咨询、培训、代理、监护及网约就诊、保健等服务;

② 为社群成员建立健康档案,采集、上报健康风险因素及公共卫生健康信息;

③ 为社群成员提供健康探访、体检、就诊、转诊等代理或陪护服务;

④ 为患者提供预约挂号、缴费、取药、办理住院手续等协助服务;

⑤ 为有养生、体检、心理咨询等健康需求的社群成员推荐机构及技师,提供预约、出行陪护及接送等服务;

⑥ 开展社群卫生健康防护,协助开展爱国卫生运动,组织社区环境卫生整治、健康科普、群众动员工作,提供消毒、清洁、送药、看护等防疫及生活保障服务,协助相关物资的登记、统计、购置、发放等工作;

⑦ 利用互联网技术参与公共卫生事件的健康预警、监视。

(八) 4-14-02-05 老年人能力评估师

定义:为有需求的老年人提供生活活动能力、认知能力、精神状态等健康状况测量与评估的人员。

主要工作任务:

① 采集、记录老年人的基本信息和健康状况;

② 评估老年人日常生活活动能力;

③ 测量与评估老年人认知能力、精神状态、感知觉与沟通能力、社会参与能力;

④ 依据测量与评估结果,确定老年人能力等级;

⑤ 出具老年人能力综合评估报告;

⑥ 为老年人能力恢复提出建议。

(九) 6-20-99-00 增材制造设备操作员

定义:从事增材制造设备安装、调试、维修和保养,及生产操作和运行管理的人员。

主要工作任务：

① 安装、调试增材制造设备；

② 操作增材制造设备进行生产，负责增材制造设备的运行管理；

③ 从事增材制造设备的故障排查、设备维修及保养工作；

④ 为客户提供设备操作和日常保养培训；

⑤ 协助客户解决设备常见问题，并收集客户反馈意见建议；

⑥ 分析研究增材制造设备生产过程中的技术问题。

第四批

2021年3月，人力资源和社会保障部、国家市场监管总局、国家统计局联合向社会发布18个新职业。具体包括：集成电路工程技术人员、企业合规师、公司金融顾问、易货师、二手车经纪人、汽车救援员、调饮师、食品安全管理师、服务机器人应用技术员、电子数据取证分析师、职业培训师、密码技术应用员、建筑幕墙设计师、碳排放管理员、管廊运维员、酒体设计师、智能硬件装调员、工业视觉系统运维员。

新职业信息：

（一）2-02-09-06 集成电路工程技术人员

定义：从事芯片需求分析、芯片架构设计、芯片详细设计、测试验证、网表设计和版图设计的工程技术人员。

主要工作任务：

① 对芯片设计进行规格制定、需求分析，编制设计手册，制定设计计划；

② 对芯片进行规格定义、RTL代码编写、验证、逻辑综合、时序分析、可测性设计；

③ 对芯片进行设计仿真、逻辑验证和相关原型验证及测试；

④ 对芯片进行后端设计、总体布局与模拟版图设计；

⑤ 对芯片进行后端仿真、版图物理验证、时序/噪声/功耗分析、全局完整性分析与验证；

⑥ 根据生产工艺进行芯片生产数据签核与输出验证。

（二）2-06-06-06 企业合规师

定义：从事企业合规建设、管理和监督工作，使企业及企业内部成员行为符合法律法规、监管要求、行业规定和道德规范的人员。

主要工作任务：

① 制定企业合规管理战略规划和管理计划；

② 识别、评估合规风险与管理企业的合规义务；

③ 制定并实施企业内部合规管理制度和流程；

④ 开展企业合规咨询、合规调查，处理合规举报；

⑤ 监控企业合规管理体系运行有效性，开展评价、审计、优化等工作；

⑥ 处理与外部监管方、合作方相关的合规事务，向服务对象提供相关政策解读服务；

⑦ 开展企业合规培训、合规考核、合规宣传及合规文化建设。

(三) 2-06-09-07 公司金融顾问

定义：在银行及相关金融服务机构中，从事为企业等实体经济机构客户提供金融规划、投融资筹划、资本结构管理、金融风险防控和金融信息咨询等综合性咨询服务的专业人员。

主要工作任务：

① 研究分析宏观经济形势、产业政策及客户发展战略，指导客户制定中长期金融发展规划；

② 帮助客户拓宽投融资渠道，提高金融需求匹配效率；

③ 分析客户资产、现金流特征，指导客户制定、调整现金管理方案；

④ 帮助客户优化和管理资本结构；

⑤ 指导客户识别、评估、分析金融风险，提供金融风险防控和处置建议；

⑥ 提供金融信息分析、咨询服务，指导客户与银行等金融机构接洽，帮助解决信息不对称问题；

⑦ 帮助客户建立完善投融资决策体系，提供相关政策解读服务。

(四) 4-01-03-03 易货师

定义：从事货物、服务等非货币互换，以及为上述互换提供策划、咨询和管理的人员。

主要工作任务：

① 策划客户需要的易货方案；

② 协助易货商管理易货交易账户；

③ 开展易货额度跟踪服务；

④ 实施易货商到期易货额度的易货交易；

⑤ 优化配置企业产、供、销资源；

⑥ 使用各类易货交易平台完成易货交易；

⑦ 评估企业易货的商品；

⑧ 通过易货方式为企业解债。

（五）4-01-03-04 二手车经纪人

定义：在二手车交易活动中，以收取佣金为目的，为促成交易而从事居间、行纪或者代理等经纪业务的人员。

主要工作任务：

① 收集、分析车源信息，提供信息咨询服务；

② 分析客户需求，维护客户关系；

③ 协助收购车源；

④ 与客户磋商、谈判并签订委托合同；

⑤ 协助进行车辆鉴定评估和办理过户；

⑥ 按约定进行结算并获取佣金；

⑦ 协助提供运输、保险、金融等服务。

（六）4-02-02-09 汽车救援员

定义：使用专项作业车、专业设备工具及专业技能救助车辆脱离险境或困境的现场作业人员。

主要工作任务：

① 设置救援现场安全区；

② 识别、分析确认车辆基本故障；

③ 紧急排除修理车辆故障；

④ 救助事故车辆被困人员；

⑤ 救助危险货物运输事故车辆；

⑥ 施救处理困境车辆；

⑦ 装载、运输、卸载被救拖运车辆；

⑧ 上传服务过程资料及其他业务管理。

（七）4-03-02-10 调饮师

定义：对茶叶、水果、奶及其制品等原辅料，通过色彩搭配、造型和营养成分配比等，完成口味多元化调制饮品的人员。

主要工作任务：

① 采购茶叶、水果、奶制品和调饮所需食材；

② 清洁操作吧台，消毒操作用具；

③ 装饰水吧、操作台，陈设原料；

④ 依据食材营养成分设计调饮配方；

⑤ 调制混合茶、奶制品、咖啡或时令饮品；

⑥ 展示、推介特色饮品。

(八) 4-03-02-11 食品安全管理师

定义:依据国家法律和标准,采用危害分析与关键控制点等食品安全控制技术,在食品生产、餐饮服务和食品流通等活动中,从事食品安全风险控制和管理的人员。

主要工作任务:

① 制定食品安全管理制度;

② 从事本单位食品生产许可证或食品经营许可证办理;

③ 组织本单位从业人员食品安全知识培训,实施从业人员健康管理;

④ 从事本单位食品生产与经营环境的卫生管理;

⑤ 从事本单位原料、食品及相关产品的安全管理;

⑥ 从事本单位食品采购、生产、储运、销售、餐饮服务的过程管理;

⑦ 从事本单位食品安全定期自查、追溯、召回、产品留样、文件记录管理;

⑧ 配合食品安全行政监管部门的食品安全监督检查和食品安全事故处理。

本职业包含但不限于下列工种:冷链食品安全管理员。

(九) 4-04-05-07 服务机器人应用技术员

定义:运用服务机器人(含特种机器人)相关技术及工具,负责服务机器人在家用服务、医疗服务和公共服务等应用场景的集成、实施、优化、维护和管理的人员。

主要工作任务:

① 分析服务机器人在个人/家用服务、医疗服务和公共服务等应用场景的需求,提出应用方案;

② 对服务机器人环境感知、运动控制、人机交互等系统进行适配、安装、调试与故障排除;

③ 负责服务机器人应用系统的参数调测和部署实施;

④ 对服务机器人的运行效果进行监测、分析、优化与维护;

⑤ 提供服务机器人相关技术咨询和技术服务等。

(十) 4-04-05-08 电子数据取证分析师

定义:从事电子数据的收集提取、数据恢复及取证分析的人员。

主要工作任务:

① 针对各类电子数据的现场及在线提取固定;

② 分析基于物理修复或数据特征等的电子数据恢复技术;

③ 提取分析不同介质和智能终端电子数据;

④ 提取分析服务器、数据库及公有云电子数据;

⑤ 提取分析物联网、工程控制系统电子数据;

⑥ 设计建立电子数据取证可视化分析模型；
⑦ 分析计算机及其他智能终端应用程序功能。

（十一）4-07-03-05 职业培训师

定义：从事面向全社会劳动者进行专业性、技能性、实操性职业（技能）培训一体化教学及培训项目开发、教学研究、管理评价和咨询服务等相关活动的教学人员。

主要工作任务：
① 根据经济、技术和社会就业需要，开展职业培训需求调查分析；
② 开发职业培训项目、课程与教材；
③ 进行职业培训教学研究与教学改革，制定职业培训计划和实施方案；
④ 运用现代职业培训理念和技术方法，实施职业培训教学活动；
⑤ 负责职业培训全过程与效果的全面管理，对学员学习情况进行考核与评价；
⑥ 提供职业培训咨询和指导服务等。

本职业包含但不限于下列工种：企业培训师。

（十二）4-07-05-06 密码技术应用员

定义：运用密码技术，从事信息系统安全密码保障的架构设计、系统集成、检测评估、运维管理、密码咨询等相关密码服务的人员。

主要工作任务：
① 分析信息与通信系统中涉及密码技术的安全威胁和业务应用场景；
② 设计密码保障应用规划和实施方案；
③ 从事信息系统的密码资源融合部署实施工作；
④ 依据标准和规范，开展信息系统密码应用安全性评估工作；
⑤ 从事密码类资产管理、安全保障和技术应用工作；
⑥ 应急处置密码应用安全突发事件；
⑦ 从事信息系统密码应用态势监控与运维工作；
⑧ 提供密码应用技术咨询、密码职业技能培训、密码科普等相关服务。

（十三）4-08-08-21 建筑幕墙设计师

定义：从事建筑幕墙及类似幕墙的装饰表皮创造或创意工作，绘制幕墙或类似幕墙的装饰表皮图纸的人员。

主要工作任务：
① 根据建设单位、建筑师风格要求，研究制定设计建筑幕墙系统、风格、结构和分格方式，并明确有关设计材料、造价费用和建造时间；
② 组织有关结构、力学、材料、热工、光学、声学等技术资料，绘制建筑幕墙

设计图;

③ 设计幕墙构件生产和板块组装工艺及其必需的模具,设计幕墙构件生产和板块组装过程检验试验验收准则;

④ 组织设计建筑幕墙的安装方法和工艺,确保施工便捷性和幕墙安全性;

⑤ 制定建筑幕墙产品的检测方案,同时对幕墙施工进行指导和检查。

(十四) 4-09-07-04 碳排放管理员

定义:从事企事业单位二氧化碳等温室气体排放监测、统计核算、核查、交易和咨询等工作的人员。

主要工作任务:

① 监测企事业单位碳排放现状;

② 统计核算企事业单位碳排放数据;

③ 核查企事业单位碳排放情况;

④ 购买、出售、抵押企事业单位碳排放权;

⑤ 提供企事业单位碳排放咨询服务。

本职业包含但不限于下列工种:民航碳排放管理员、碳排放监测员、碳排放核算员、碳排放核查员、碳排放交易员、碳排放咨询员。

(十五) 4-09-11-00 管廊运维员

定义:在电力、通讯、给排水等管线集于一体的城市综合管廊运营过程中,从事项目组织管理和设备运行与维护等技术工作的人员。

主要工作任务:

① 对给水管道、电力电缆、燃气管道、蒸汽管道、通信线缆等市政管线进行日常巡检与应急处置;

② 监管管廊内管线施工;

③ 确保管廊内环境健康管理;

④ 管廊的构筑物及作业安全管理;

⑤ 检查、巡视、维护管廊构筑物,进行沉降监测、混凝土检测;

⑥ 管廊设备的运行与维护;

⑦ 管廊智慧化应用;

⑧ 管廊项目组织与绩效评价。

(十六) 6-02-06-12 酒体设计师

定义:以消费市场为导向,应用感官鉴评技能与营养科学知识对原酒与调味酒的组合特性进行分析与综合评判,提出最优酒体配比方案并生产特定风格酒类产品的人员。

主要工作任务:

① 对市场销售的酒类产品进行信息收集与分析；
② 对企业自产原酒与调味酒的风格特性进行测试和分析；
③ 提出最优酒体调配方案；
④ 能够按照产品需求生产特定风格酒类产品。

（十七）6-25-04-10 智能硬件装调员

定义：能够使用示波器、信号发生器及计算机或手机等工具设备，完成智能硬件模块、组件及系统的硬件装配及调试、软件代码调试及测试、系统配置及联调等智能硬件装调工作任务的技术服务人员。

主要工作任务：

① 操作电子产品装配设备、示波器、信号发生器等设备，完成智能硬件组件的装配、调试及故障排除，组件功能软件的测试及调试，撰写智能硬件组件的装调报告；
② 分析研究智能硬件在家用服务、医疗服务、物流和公共服务等应用场景的具体需求，提出解决方案；
③ 负责智能硬件应用系统的参数调测、方案应用和部署实施，撰写智能硬件应用系统的装调维护报告；
④ 对智能硬件在环境感知、自动控制、人机交互等应用方面进行适配、安装、调试；
⑤ 测试智能硬件应用系统功能，撰写应用系统测试报告及优化报告；
⑥ 提供智能硬件相关技术咨询和技术服务等。

（十八）6-31-01-11 工业视觉系统运维员

定义：从事智能装备视觉系统选型、安装调试、程序编制、故障诊断与排除、日常维修与保养作业的人员。

主要工作任务：

① 对相机、镜头、读码器等视觉硬件进行选型、调试、维护；
② 进行物体采像打光；
③ 进行视觉系统精度标定；
④ 进行视觉系统和第三方系统坐标系统标定；
⑤ 将视觉应用系统和主控工业软件集成嵌入通讯；
⑥ 确认和抓取采像过程中物体特征；
⑦ 识别和分类系统运行过程中图像优劣，并判断和解决问题；
⑧ 设计小型样例程序，验证工艺精度；
⑨ 进行更换视觉硬件后的系统重置、调试和验证。

第五批

2022年6月,人力资源和社会保障部发布18个新职业,分别是机器人工程技术人员、增材制造工程技术人员、数据安全工程技术人员、退役军人事务员、数字化解决方案设计师、数据库运行管理员、信息系统适配验证师、数字孪生应用技术员、商务数据分析师、碳汇计量评估师、建筑节能减排咨询师、综合能源服务员、家庭教育指导员、研学旅行指导师、民宿管家、农业数字化技术员、煤提质工、城市轨道交通检修工。

新职业信息:

(一) 2-02-38-10 机器人工程技术人员

定义:从事机器人结构、控制、感知技术和集成机器人系统及产品研究、设计的工程技术人员。

主要工作任务:

① 研究、开发机器人结构、控制、感知等相关技术;

② 研究、规划机器人系统及产品整体架构;

③ 设计、开发机器人系统,制订产品解决方案;

④ 研发、设计机器人功能与结构,以及机器人控制器、驱动器、传动系统等关键零部件;

⑤ 研究、设计机器人控制算法、应用软件、工艺软件或操作系统、信息处理系统;

⑥ 运用数字仿真技术分析机器人产品、系统制造及运行过程,设计生产工艺并指导生产;

⑦ 制订机器人产品或系统质量与性能的测试与检定方案,进行产品检测、质量评估;

⑧ 提供机器人相关技术咨询和技术服务,指导应用;

⑨ 制订机器人产品、系统、工艺、应用标准和规范。

(二) 2-02-38-11 增材制造工程技术人员

定义:从事增材制造技术、装备、产品研发、设计并指导应用的工程技术人员。

主要工作任务:

① 运用数字化逐层堆积原理,研究开发增材制造技术与方法;

② 运用增材制造的复杂结构制造能力,设计产品结构;

③ 研发增材制造专用成型头、检测与监控核心功能部件等;

④ 设计、集成增材制造装备,进行可靠性测试;
⑤ 研发增材制造分层切片、路径优化、工艺仿真和过程控制等工艺软件;
⑥ 研发产品的增材制造工艺,指导产品生产制造;
⑦ 检测、评估增材制造产品质量;
⑧ 制订增材制造材料、装备、工艺、应用标准和规范。

（三）**2-02-38-12 数据安全工程技术人员**

定义:从事数据安全需求分析挖掘、技术方案设计、项目实施、运营管理等工作的工程技术人员。

主要工作任务:
① 收集、分析数据安全保护需求,提供数据安全技术咨询服务;
② 制订数据安全工程技术解决方案,实现对数据处理全流程的安全保护;
③ 统筹数据安全技术方案的具体实施、运营,对技术方案的落地实施负责;
④ 监测、分析和解决数据安全保护相关技术问题;
⑤ 综合分析、评估数据安全保护技术有效性,并对数据安全保护技术进行持续优化改进。

（四）**3-01-04-04 退役军人事务员**

定义:在退役军人服务中心(站)从事退役军人政策咨询、信访接待、权益保障、安置服务、就业创业扶持等事务办理的人员。

主要工作任务:
① 组织退役军人思想政治教育相关活动;
② 受理、审查、核实和上报退役军人困难申请,开展困难帮扶援助;
③ 接待、办理退役军人和其他优抚对象来信来访,协助解决信访诉求,代办属于退役军人事务部门职权范围内的信访事项;
④ 收集、分析退役军人就业创业需求,开展退役军人职业技能教育培训及相关服务;
⑤ 采集、整理、分析和报送退役军人思想政治、帮扶援助、权益维护和就业创业扶持等信息数据;
⑥ 为辖区内退役军人建档立卡,常态化联系退役军人,开展走访慰问。

（五）**4-04-04-05 数字化解决方案设计师**

定义:从事产业数字化需求分析与挖掘、数字化解决方案制订、项目实施与运营技术支撑等工作的人员。

主要工作任务:
① 收集、分析产业数字化需求,提供数字化技术咨询服务;
② 运用新一代信息通信技术和数字化技术,设计数字化业务场景和业务流

程,提出并制订数字化项目架构的技术解决方案;

③ 编写数字化项目招投标等技术文件;

④ 编写数字化项目技术交底提纲;

⑤ 监测、分析和解决数字化项目实施及运营中的技术问题;

⑥ 检查、验收数字化项目质量,撰写质量分析报告。

(六) 4-04-05-04 数据库运行管理员

定义:对系统所使用的数据库进行维护及管理等工作的人员。

主要工作任务:

① 安装配置数据库,并进行性能监控,故障诊断、排除等日常维护;

② 制订、实施与完善数据库的备份还原、复制、镜像等容灾方案;

③ 提出并实施优化数据库性能及数据库集群方案;

④ 研究和实施可靠的监控手段,分配权限、信息脱敏保护等;

⑤ 制订和改进应急预案、策略和相关流程。

(七) 4-04-05-09 信息系统适配验证师

定义:从事信息系统基础环境、终端、安全体系、业务系统的适配、测试、调优、数据迁移、维护等工作的人员。

主要工作任务:

① 分析信息系统适配过程中不同技术路线特性;

② 制订信息系统异构适配移植方案;

③ 部署基础环境、外设、终端、安全体系、业务系统,对异构组件进行编译;

④ 运用适配方法及工具,对系统软硬件产品组合进行适配功能验证、性能验证和参数调优;

⑤ 分析和处理在适配过程中因环境差异导致的问题;

⑥ 提供信息系统适配技术咨询和技术支持。

(八) 4-04-05-09 数字孪生应用技术员

定义:使用仿真技术工具和数字孪生平台,构建、运行维护数字孪生体,监控、预测并优化实体系统运行状态的人员。

主要工作任务:

① 安装、部署数字孪生平台,搭建并维护数字孪生体的开发环境、运行环境及验证环境;

② 应用数字化仿真建模技术及工具,导入、配置、构建数字孪生模型,部署并维护数字孪生模型;

③ 应用机器学习、增强现实、虚拟现实、混合现实等技术,建立数字孪生模型与物理实体的数据映射关系;

④ 运用虚拟调试、自适应优化和数字化模拟验证技术,进行数字孪生体调试优化及功能验证;

⑤ 应用数字孪生平台,采集并处理物理实体数据,驱动数字孪生体;

⑥ 进行数字孪生体的维护更新、优化升级,提供诊断、预测预警建议。

(九) 4-07-02-05 商务数据分析师

定义:从事商务行为相关数据采集、清洗、挖掘、分析,发现问题、研判规律,形成数据分析报告并指导他人应用的人员。

主要工作任务:

① 采集、清洗企业商务数据,建立商务数据指标体系;

② 分析、挖掘商务数据,产出数据模型;

③ 撰写、制作、发布可视化数据和商务分析报告;

④ 提供数据应用咨询服务;

⑤ 分析、总结及可视化呈现业务层面数据应用情况;

⑥ 监控数据指标,识别、分析业务问题与发展机会,提出解决策略。

本职业包含但不限于下列工种:贸易数据申报师、智能商务策划师。

(十) 4-09-07-05 碳汇计量评估师

定义:运用碳计量方法学,从事森林、草原等生态系统碳汇计量、审核、评估的人员。

主要工作任务:

① 审定碳汇项目设计文件,并出具审定报告;

② 现场核查碳汇项目设计文件,并出具核证报告;

③ 对碳汇项目进行碳计量,并编写项目设计文件;

④ 对碳汇项目进行碳监测,并编写项目监测报告;

⑤ 对碳中和活动进行技术评估,编制碳中和评估文件。

(十一) 4-09-07-06 建筑节能减排咨询师

定义:应用节能减排技术,从事建筑及其环境、附属设备测评、调适、改造、运维等工作的咨询服务人员。

主要工作任务:

① 受建筑业主、投资主体委托或指派,收集项目建筑使用功能、能源资源需求、环境质量需求等工程资料;

② 运用建筑能源与环境仿真模拟软件和检测设备,测评传统建筑、新能源和可再生能源建筑设计方案实施的能效和排放(含碳排放)情况,编写测评报告;

③ 编制建筑节能减排优化运行方案,验证方案效果,并提出调整改进意见;

④ 检查、测试、验证建筑竣工验收和运行阶段的设备系统运行效果,测评建筑能效,出具测评报告,提出建筑与系统调适改进方案;

⑤ 为建筑设计、施工、运营、质检、设备生产与制造等单位提供建筑节能减排等咨询服务;

⑥ 采集、整理、分析项目资料和效果,调整相关软件和模型,优化建筑及其系统和设备运行管理方式。

(十二) 4-11-01-03 综合能源服务员

定义:从事客户用能情况诊断,综合能源方案策划,并组织实施和运维管理的人员。

主要工作任务:

① 分析、预测、开发综合能源市场;

② 对接客户,梳理客户能源使用需求,使用能效诊断技术分析客户用能效率等情况;

③ 调查客户项目外部能源环境;

④ 分析项目的内外部情况及冷、热、电、气等多种能源供应、使用以及能效等状况、策划、制订综合能源利用节能降耗方案;

⑤ 按客户委托,进行项目工程建设的启动、计划、组织、执行、控制管理,验收新投入和检修后的设备;

⑥ 巡视、检查、维护综合能源系统及其附属设备,处理设备异常及故障,填写运行日志和技术记录。

本职业包含但不限于下列工种:综合能源运维员。

(十三) 4-13-04-03 家庭教育指导师

定义:从事家庭教育知识传授、家庭教育指导咨询、家庭教育活动组织等的人员。

主要工作任务:

① 开展家庭教育法律法规及政策宣传,传授立德树人家庭教育科学理念、知识和方法;

② 指导家长履行家庭教育主体责任,进行家庭教育规划并开展家庭教育;

③ 指导家长树立和传承优良家风,指导其他家庭成员协助和配合家长优化家庭教育环境;

④ 提供家庭教育问题解决方案和咨询建议;

⑤ 策划、组织开展家校社协同育人的实践活动。

(十四) 4-13-04-04 研学旅行指导师

定义:策划、制订、实施研学旅行方案,组织、指导开展研学体验活动的人员。

主要工作任务：
① 收集研学受众需求和研学资源等信息；
② 开发研学活动项目；
③ 编制研学活动方案和实施计划；
④ 解读研学活动方案，检查参与者准备情况；
⑤ 组织、协调、指导研学活动项目的开展，保障安全；
⑥ 收集、记录、分析、反馈相关信息。

（十五）4-14-06-02 民宿管家

定义：提供客户住宿、餐饮以及当地自然环境、文化与生活方式体验等定制化服务的人员。

主要工作任务：
① 策划当地自然人文环境、休闲、娱乐与生活方式体验活动，推广销售民宿服务项目；
② 受理预订，与客户沟通，了解个性化服务需求，策划制订服务项目与方案；
③ 介绍民宿服务项目与设施，协调指导员工提供接待、住宿、餐饮、活动等服务项目；
④ 检查项目服务质量，协调处理客户诉求，保证服务质量；
⑤ 分析民宿运营中物料采购、损耗情况，整理、分析民宿运营数据，控制运维成本；
⑥ 整理记录客户信息、消费项目与习惯，搜集分析客户体验反馈，维护客户关系；
⑦ 制订民宿及服务项目应急预案，检查维护安全设施和设备，组织实施紧急救护。

（十六）5-05-01-03 农业数字化技术员

定义：从事农业生产、农村生活数字化技术应用、推广和服务活动的人员。

主要工作任务：
① 收集农业生产案例，分析数字化需求，提供农业数字化解决方案的素材和数据；
② 组织实施农业数字化解决方案，为用户提供现场指导和技术培训；
③ 编写农业数字化生产或服务的技术资料，推广农业数字化生产和服务；
④ 讲解、示范数字化农业生产机具、设施及软件的操作、维护、保养方法；
⑤ 指导农业生产经营的数字化，为生产安排、产品销售、质量控制等问题解

决的数字化提供咨询；

⑥ 指导农业生产规范的数字化,为农产品品质安全、农业生态环境安全、农业职业安全等问题解决的数字化提供咨询；

⑦ 指导数字乡村建设,为有关部门采集数据提供组织指导服务。

(十七) 6-11-03-06 煤提质工

定义:以煤为原料,操作干燥窑、热解窑、提质煤冷却器、急冷塔等设备,提高煤品质的生产人员。

主要工作任务:

① 操作筛分、输送设备,将煤送入干燥窑,调控温度、压力和水含量制成干燥煤；

② 操作热解窑,将干燥煤输送至热解窑低温热解,调控温度和压力等工艺参数,制成提质煤；

③ 操作冷却、分离等设备,将煤气、焦油、粉尘等分离；

④ 操作脱硫设备,将煤气中的二氧化碳、硫化物脱去；

⑤ 操作冷却系统,将提质煤活化,制成提质焦粉；

⑥ 检查维护生产设备,发现并处理生产中的异常现象和故障；

⑦ 记录并保存生产数据。

(十八) 6-29-02-17 城市轨道交通检修工

定义:使用制动测试台、车轮轮缘尺、红外热像仪、扭矩扳手、液压起道器等检测设备和维护工器具,检修及维护保养城市轨道交通设备和设施的人员。

主要工作任务:

① 使用扭矩扳手、双踪示波器、液压起道器等工器具和设备,拆装、调试城市轨道交通设备和设施；

② 使用车轮轮缘尺、车轮轮径尺、水准仪、轨距尺、红外热像仪、绝缘电阻测试仪、土壤电位梯度测量仪、桥梁挠度检测仪等工器具和设备,检修城市轨道交通机械、电气等设备和设施,测量、调整参数；

③ 进行现场巡检,发现并判断城市轨道交通机械、电气等设备和设施故障；

④ 使用制动测试台、阀类测试台、继电保护校验箱、超声波探伤仪、钢轨磨耗测量仪、裂缝综合测试仪等工器具和设备,处理城市轨道交通机械、电气等设备和设施的故障、伤损；

⑤ 使用管路清洗机、保压测试台、液压捣固机等设备,维护和保养城市轨道交通机械、电气等设备和设施；

⑥ 使用、驾驶城市轨道交通设备,检测城市轨道交通机械、电气等设备和设

施的性能。

　　本职业包含但不限于下列工种:城市轨道交通车辆检修工、城市轨道交通机电检修工、城市轨道交通线路检修工、城市轨道交通桥隧检修工、城市轨道交通站台门检修工、城市轨道交通自动售检票检修工。

(信息来源:中华人民共和国人力资源和社会保障部官网)